프란치스코와 보나벤투라

폴 루트Paul Rout(작은형제회)

옮긴이: 한규희 보나벤투라(꼰벤뚜알 프란치스코회)

프란치스코와 보나벤투라

교회인가 | 2018년 3월 15일
1판 2쇄 | 2019년 7월 15일

지은이 | 폴 루트 Paul Rout
옮긴이 | 한규희
펴낸이 | 호명환
만든이 | 조수만
만든곳 | 프란치스코 출판사(제2-4072호)
주소 | 서울 중구 정동길 9
전화 | (02) 6325-5600
팩스 | (02) 6325-5100
이메일 | franciscanpress@hanmail.net

ISBN 978-89-91809-65-9 93230
값 10,000원

이 도서의 국립중앙도서관 출판사도서목록(CIP)은
서지정보유통지원시스템 홈페이지(http://seoji.nl.go.kr)와 국가자료공동목록시스템
(http://www.nl.go.kr/kolisnet)에서 이용하실 수 있습니다.
CIP제어번호 | CIP 2018017122

프란치스코와 보나벤투라

폴 루트Paul Rout(작은형제회)
옮긴이: 한규희 보나벤투라(꼰벤뚜알 프란치스코회)

차 례

옮긴이의 말　8
머리말　11
연대표　14
약어표　177

1장　역사 안에서의 프란치스코와 보나벤투라　17

　　■ 프란치스코: 아씨시의 빈자　■ 보나벤투라: 파리의 대학자
　　　　　　　　　　　　　　　　　　　　　　　　22 / 26

2장　영감 아씨시의 성 프란치스코　31

　　■ 역사적 자료들　■ 하느님에 대한 인식　■ 가치의 전환
　　　　　　　　　　　　　　　　　　　　　34 / 36 / 42
　　■ 평화의 도구　■ 신비적 껴안음 - 하느님과 피조물
　　　　　　　　　　　　　　　　　　　　　　　47 / 49

3장　보나벤투라의 지적 유산　59

　　■ 아우구스티노　■ 위-디오니시우스　■ 성 빅토르 학파
　　　　　　　　　　　　　　　　　　　　　63 / 69 / 76

4장 파리의 교수 아씨시의 제자인 보나벤투라   81

■ 하느님께 가는 길   ■ 창조된 세계
■ 인간 역사 - 조화를 위한 모색
86 / 95 / 99

5장 하느님께 나아가는 여정   107

■ 창조된 인식   ■ 독해를 위한 학습   ■ 하느님을 알게 됨
112 / 117 / 119

6장 보나벤투라 오늘날을 위한 영적 안내자   129

■ 합일(영성적 혼인)의 영성   ■ 윤리적인 삶   ■ 인식 탐구
133 / 135 / 138
■ 하느님의 아름다움   ■ 교회 안의 권위
147 / 153

7장 프란치스코, 술탄, 그리고 종교 간의 대화   157

■ 만남의 배경   ■ 이 만남의 의의
160 / 162
■ 종교 간 대화를 위한 모범이 되는 만남
168

■ 옮긴이의 말

오늘날 우리는 쇄신과 변화를 요구하는 시대를 살고 있다. 문화, 정치, 종교 등 다양한 영역에서 기존의 사고에서 벗어나 새로운 사고로 전환할 것을 요구하는 시대이다. 쇄신과 변화에 대한 요구는 그리스도인들도 예외는 아니다.

이런 우리에게 교회 역사는 모범이 되는 많은 성인·성녀들을 제시한다. 특별히 그 가운데 프란치스코와 보나벤투라는 주목할만한 성인들이다. 두 성인은 13세기 급변하는 중세 사회를 살면서 그리스도인이 어떻게 쇄신하고 변화해야 하는지 삶으로 또 학문으로 설명했다.

석사 학위 논문을 준비하면서 처음 이 책을 접했다. 이 책은 프란치스코와 보나벤투라의 삶과 영성에 대한 입문서로 삼기에 매우 유용하다. 특히 우리에게는 아직 낯선 보나벤투라 성인에 대해 알아볼 좋은 기회가 될 것이다.

이 책을 통해 우리는 프란치스코가 하느님의 영에 사로잡힌 사람이었고 보나벤투라는 하느님의 영에 사로잡힌 사람이 된다는 것의 의미를 설명하고 세상에 알리는 사람이었음을 알 수 있다. 보나벤투라는 수도회의 총장으로서 또한 신학자요 영성가로서 프란치스코를 삼위일체 하느님이신 예수 그리스도와의 일치의 모범으로 당시 사람들에게 또한 오늘날을 살아가는 우리에게 제시한다.

프란치스코와 보나벤투라에게 있어 모든 쇄신과 변화의 출발점은 삼위일체 하느님에 대한 사랑이다. 프란치스코는 자신의 온 생애를 통해 하느님에 대한 완전한 사랑을 보여주었다. 그리고 보나벤투라는 완전한 사랑이 다른 모든 것을 완전으로 이끌어준다고 말하였다.

인간 역사의 모든 순간은 하느님과 이웃과 모든 피조물과의 '조화'를 이루기 위한 여정이다. 이 여정의 중심은 언제나 예수 그리스도이다. 이 책은 삶이 그리스도를 중심으로 삼을 때, 그리스도와 닮아갈 때, 인류가 바라는 '조화'가 회복된다고 말한다. 그리스도인들에게 쇄신과 변화는 창조주이신 삼위일체 하느님과의 일치를 향한 끊임없는 여정으로 이루어지는 것이다.

미천한 번역이지만 하느님께 나아가는 여정에서 우리가

그분을 향한 사랑으로 충만해지고 그분과의 '조화'를 회복하는데 이 책이 조금이나마 도움이 되었으면 하는 바람이다.

꼰벤뚜알 프란치스코 수도회 한국 성 막시밀리아노 콜베 관구의 모든 형제와 책을 펴내는 과정에서 도움을 주신 모든 분께 마음 깊이 감사한다.

2018년 4월 9일, 주님 탄생 예고 대축일에
한규희 보나벤투라 수사 (꼰벤뚜알 프란치스코 수도회)

■ 머리말

13세기의 중세 세계는 중대한 사회적, 문화적, 종교적 변화의 시기였다. 명확했던 것이 의문스러운 것이 되고, 정치, 교육, 종교 단체들에서 논쟁이 일어났다. 많은 이의 가슴 속에서 전통적인 종교 권위로는 진정시킬 수 없어 보이는 새로운 가난 영성이 일어났다.

인류를 위한 하느님의 특별한 선물 가운데 하나로서, 전 존재가 빼앗을 수 없는 기쁨으로 가득 찬, 또한 그가 만났던 이들의 가슴속 깊이 새겨졌던 평화로 가득 찬 인물이 세상에 나타났다. 이 사람은 움브리아 지방의 아씨시에서 태어났으며, 그의 이름은 프란치스코였다. 그의 생애는 시적인 삶이었다. 그는 신적 연인인 하느님에게 마음이 사로잡혔고, 열정적이면서도 자유롭고 즐겁게 이러한 관계의 실재를 살았다.

그렇다. 프란치스코는 하느님의 사랑에 매혹되었다. 이것이 그가 지닌 자유, 즉 두려움을 몰아내고 대신 사랑에 그의 마음을 열게 한 자유의 비밀이었다. 그는 참으로 열정적인 사랑 그 자체인 사람이었고, 모든 형제자매, 특히 버림받은 이들, 이방인들, 가난하고 보잘것없는 이를 껴안고자 애썼던 사람이었다. 더욱이 이 사랑은 그가 신적 영광의 반영反映으로 빛나는 것으로 보았던 모든 피조물에게까지 확장하는 것이었다.

아씨시 빈자의 정신과 삶은 수많은 동시대인, 각계각층의 사람들 삶에 강한 영향을 미쳤다. 보나벤투라도 그런 이들 가운데 하나였다. 언뜻 보기에는 보나벤투라가 아씨시의 매력과 멀리 동떨어져 있는 것처럼 느껴질 수 있다. 보나벤투라는 파리대학의 교수였고 뛰어난 학자였다. 학계의 권력과 명망名望이 그의 발아래 놓여있음에도 불구하고, 그는 프란치스코의 길을 따르기로 선택하였다. 그는 자신의 뛰어난 지성으로 프란치스코 사건(Francis-event)의 의미를 더욱더 넓은 세계에 알리기 위해 정열적으로 일했다. 보나벤투라는 프란치스코의 체험을 묵상하였고, 그 체험에 대한 특유의 효과적인 증언으로 프란치스코의 마음에서 넘쳐 흐르는 사랑과 기도와 경건의 정신이 깃든 신학 작품들을 집필하였다.

프란치스코는 하느님과 함께하였고 거기서 다른 모든 것을 바라보았던 사람으로 서 있다. 보나벤투라의 작품들은 영적 순례자, 즉 하느님을 찾는 사람에게 프란치스코에게서 영감 받은 안내를 제공한다. 이는 역동적이고 상관적인 여정이다. 이는 우리 삶 안에서 하느님의 실재에 대해, 그리고 오직 하느님만이 인간 삶의 문제에 참여할 수 있다는 것의 의미에 대해 매우 깊이 있게 증명하는 여정이다. 이 여정은 이 세상을 껴안고 모든 피조물의 존엄성과 성스러움을 강조하는 것이다. 프란치스코와 보나벤투라의 영적 여정은 단순히 과거의 기록이 아니다. 그들의 여정은 오늘날의 영적 순례자들에게 계속해서 영양분을 제공할 수 있는 여정이다. 이 짧은 책을 통해 독자들이 기쁜 마음으로 자신감을 가지고 하느님을 향한 여정의 매력적인 길에 나서는 문을 여는 계기가 되기를 희망한다.

■ 연대표 ■

성 프란치스코의 생애

1182 프란치스코 움브리아, 아씨 시에서 태어남

1206 프란치스코의 회개

1209 교황 인노첸시오 3세가 프란치스코의 회칙 승인

1219 다미에타 근처에서 술탄과 만남

1224 라 베르나에서 오상을 받음

1226 10월 3일, 프란치스코 선종

1228 교황 그레고리오 9세가 시성

성 보나벤투라의 생애

1217? 토스카나, 오르비에토 근처에서 조반니 디 피단자라는 이름으로 태어남

1235 파리에서 학업을 시작함

1236 헤일스의 알렉산더가 작은형제회에 입회

1243 작은형제회 회원이 됨
파리에서 학업을 이어감

1253-4 파리에서 교수직 시작
『삼위일체의 신비에 관한 토론 문제집』과 『그리스도의 인식에 관한 토론 문제집』 집필

1257 작은형제회의 총장으로 선출

1259 라 베르나에서 피정
『하느님께 나아가는 정신의 여정』과 『세 가지 길』 집필

1259-73 총장으로 서유럽 지방을 방문
집필과 설교를 계속 이어나감

1273 교황에 의해 추기경으로 임명
『육일간의 창조에 관한 학술강연집』 펴냄

1274 리옹 공의회에 참석
그곳에서 7월 15일 선종

1482 교황 식스토 4세가 시성

1588 교황 식스토 5세가 교회 박사로 선포

역사 안에서의
프란치스코와 보나벤투라

- 프란치스코: 아씨시의 빈자
- 보나벤투라: 파리의 대학자

사실, 계시의 포도주에 약간의 철학의 물을 섞는 것은 포도주를 물로 변화시키는 것이다. 이는 최악의 기적이다. 우리는 그리스도께서 물을 포도주로 변화시켰다고 읽지, 그 반대로 읽지 않는다(『H』 19.14).

계시와 철학의 관계는 보나벤투라 시대 못지않게 오늘날에도 여전히 토론의 장이 되고 있다. 계시란 하느님이 인간에게 당신 자신과 우주에 대한 진리를 알려주는 것과 관련된 것이다. 반면, 철학은 근본적인 진리를 밝혀내기 위해 인간이 논리 작용을 사용하는 과정이다. 13세기 중세 파리대학에서 논쟁이 발생했다. 대학에 스며든 '신新 학문'은 당시 발견된 아리스토텔레스의 철학 작품에서 큰 영향을 받았다. 아리스토텔레스의 철학은 대학 교육의 필수 요소로 받아들여졌다. 논쟁은 학문 과정 안에서 이러한 철학이 갖는 적절한 위치를 둘러싸고 일어났다.

한편에서는 인간 이성이 단독으로 생각하도록 교회 전통 체계에서 '해방될' 수 있는 수단을 아리스토텔레스에게서 발견한 이들이 있었다. 예를 들어, 계시와 철학을 분리한 시제 브라방(Siger of Brabant, 1240-1284)은 비록 그것이 때때로 계시와 모순된다 하더라도, 당연한 결론으로써 인간 이성을 따르고자 하는 철학자의 권리를 주장한다. 신앙은 해체할 수 없지만, 그 개념은 이성의 분석 대상이 될 수 있다. 인간 이성의 자기 충족을 강조하는 아리스토텔레스의 철학은 이러한 해방을 유발한다. 신학과 종교적 전통이 아니라, 철학이 새로운 세계를 위한 의제로 설정된다.

보나벤투라는 이와 반대되는 입장을 가진 학자들에 포함된다. 그에게 있어 대학 학문에서 철학을 신학에서 분리하는 것은 인간 이성의 위대함, 즉 신학의 주제인 신적 계시의 영향을 빼앗는 것이었다. 보나벤투라는 인간 삶의 성찰은 오직 인간 운명의 시초이자 성취로서의 하느님과의 연관성 안에서만 가능하다고 확신했다. 그는 이러한 맥락에서 벗어나 사유하는 것은 그것의 본질적인 활기, 오직 하느님 안에서만 발견할 수 있는 활기에서 생명을 빼앗는 것이라고 주장하였다.

  이러한 보나벤투라의 입장은 단순히 학문적 성향 때문만은 아니었다. 13세기의 학문 세계가 아리스토텔레스에게서 큰 영향을 받았던 것처럼, 종교적 세계와 사회적 세계 역시 철학자가 아니라 시인이요 신비가요 성인이었던 한 사람, 프란치스코의 삶으로 크게 동요되었다. 보나벤투라는 파리에서 프란치스코가 세운 수도회에 입회하였을 정도로 프란치스코의 이야기에서 많은 영향을 받았다. 보나벤투라가 자신의 학문적 신념을 고수한 것은 프란치스코의 체험 때문이었다. 보나벤투라는 프란치스코를 진리를 구현하는 이로 보았고, 이러한 진리의 구현은 오직 프란치스코의 하느님에 대한 초월적 체험으로만 가능했다고 믿었다. 이러한 체험에서 벗어나 프란치스코를 논하는 것은 그가 단언하였듯이, 포도주를 물로 바꾸는 것처럼 생기를 잃는 일일 것이다. 보나벤투라는 프란치스코가 하느님과 함께 시작하였고, 그 시작점에 관한 모든 것을 반영하고 있음을 이해하였다. 마찬가지로 그는 이것은 인간 삶에 들어오는 하느님의 진리가 인간 사유를 결정짓는 것이지, 인간 사유가 하느님의 진리를 결정짓는 것이 아님을 주장한다.

  보나벤투라는 파리 지성의 거장이었고, 프란치스코는 아

씨시의 빈자였다. 두 사람이 멀리 떨어져 있는 것처럼 보이지만, 역사 안에서 그들의 삶과 운명은 떼어놓을 수 없는 관계에 놓여 있다. 실제로 이는 중세 아씨시의 정신이 살아있던 파리에서의 후기 사건들 때문이고, 오늘날 종교적, 사회적 세계와도 이러한 관련성이 있다고 주장할 수 있다. 이 책에서는 독자에게 프란치스코의 생애와 종교적 천재성, 그리고 보나벤투라의 작품들 안에서 발견되는 그 생애에 관한 신학적이고 철학적인 고찰을 소개하고자 한다. 또한, 현대의 수많은 시급한 문제들을 다룰 때, 이러한 중세 프란치스칸 체험에서 현대 세계가 많은 영감을 얻을 수 있음을 제안하고자 한다.

프란치스코: 아씨시의 빈자

프란치스코는 1182년 움브리아 지방 아씨시에서 태어났다. 그의 아버지는 부유한 의류 상인이었고 프란치스코는 부자 아버지를 둔 아들로 수년간 지냈다. 그는 아씨시의 청년 사교계의 인기인으로 알려져 있었고, 그의 천성적인 활기는 자신의 부와 사회적 지위를 맘껏 누리는 생활을 추구하는 데서 드러났다. 그는 기사로서의 영광을 꿈꾸며, 스무 살이 되던 해에 이

옷 도시 페루자와의 전쟁에 아씨시를 위해 참가하였다. 그렇지만 프란치스코의 꿈은 예기치 않은 방향으로 전개되었다. 전투에서 포로로 잡혀 페루자의 감옥에서 한 해를 보냈고, 이 한 해는 자기 삶의 방향에 대해 깊이 생각하도록 그를 이끌었다. 아버지가 그의 석방을 위해 몸값을 지불한 뒤 페루자에서 돌아온 다음 오랫동안 병을 앓았다. 회복에 12개월이라는 긴 시간이 걸렸고, 그는 자신의 이전 생활로 돌아가려고 노력했다. 다시 한번 풀리아에서 벌어진 전쟁에 나가고자 떠났다. 하지만 이제 그 안에 일어난 동요가 고비에 다다랐다. 프란치스코는 자신의 마음속 깊은 곳에서 요구되고 있던 삶의 방식의 변화에 더는 저항할 수 없음을 깨달았다. 더는 계속해서 거짓되게 살 수 없었다.

사회적 불명예의 위협에도 불구하고 — 기사가 그런 식으로 전투에서 돌아오는 것은 적절한 것이 아니었다 — 바로 그 다음 날 아씨시로 돌아왔다. 이것이 최종적인 전환점이 되었다. 프란치스코는 가족, 부, 사회적 지위와 세속적인 야망을 뒤로하고 기꺼이 다른 모든 것을 버리기 위한 여정, 즉 하느님에게 사로잡힌 마음의 여정을 시작하였다.

프란치스코의 이러한 체험, 즉 하느님 사랑에 압도되고 사로잡혔던 이 체험은 자신의 삶뿐만 아니라 그가 살았던 종교계와 사회마저도 근본적으로 변화시킨 체험이었다. 프란치스코는 가장 흥미로운 삶의 여정으로 인도되었다. 이전에 꺼리던 삶의 요소들을 받아들이고 심지어 그것을 사랑하도록 변화되었다. 이를 행함으로써 그는 참된 자유를 얻었다. 이는 그의 삶의 방향을 정하는 자유였다. 이는 그에게 철저한 가난을 살아가는 것을 선택하게 하였다. 그는 전쟁과 갈등으로 기쁨을 얻고자 하지 않고, 모든 이의 마음을 감동하게 하는 연민에 다다르고, 평화와 선의의 기쁜 소식의 전달자가 되는 것에 기뻐하였다. 이러한 자유는 프란치스코로 하여금 창조된 모든 세상을 껴안고 경외하도록 이끌었다. 사랑에 빠진 사람은 새로운 빛 안에서, 헌신과 감사하는 기쁨의 정신 안에서 사랑하는 이와 관련된 모든 것을 본다. 프란치스코는 참으로 사랑하는 이로서 새로운 빛 안에서 사랑하는 분이신 하느님이 창조한 모든 것을 보았고, 그래서 세상의 실재들 안에서 감사하고 경외하며 기뻐하도록 성장하였다. 오늘날 프란치스코는 세상에 대한 이러한 연민으로 생태계의 주보 성인으로 공경받는다. 그의 존재가 생명이신 하느님의 품 안에 영원히 안겨 있게 하는, 흔들리지 않는 신념에서 비롯된 이 자유는 1226년 죽음을 앞두었을 때 프란치스코로 하여금 "자매 죽음이여, 어서 오십시오"[1]라고 말하도록 이끌었다.

    프란치스코의 억제할 수 없는 매력은 이미 그의 생전에 급속히 그 수가 늘어나 결국 교회 안에서 하나의 수도회, 프란치스칸이라고 공인된 동료들을 모아들였다. 프란치스코는 후에 수도회원은 아니지만, 그의 삶의 방식에 감도된 혼인한 이들과 다른 이들을 위해서 회칙을 작성하였다. 이들은 '3회'로 규정되었고, 현재 재속프란치스코회로 알려져 있다. 오늘날 전 세계 수많은 남녀가 프란치스칸 공동체들 안에서 혼인한 부부로 혹은 미혼으로 살아가면서 프란치스코의 삶을 특징짓는 기쁨 충만한 자유로움을 얻고 알리는데 헌신하기 위하여 그들의 삶을 봉헌하고 있다. 이러한 프란치스코의 삶은 그가 베풂 안에서 발견한 사랑하는 하느님을 위해 모든 것을 내어놓는 삶이었다. 프란치스코는 그가 누릴 수 있던 것 이상으로 헤아릴 수 없이 많은 것을 받았다.

---

[1] 『2첼라노』, 217. 역주: 첼라노 전기는 토마스 첼라노, 『아씨시 성 프란치스꼬의 생애』, 프란치스꼬회 한국관구, 분도출판사, 경북 1986에서 인용했다.

보나벤투라: 파리의 대학자

프란치스코가 선종했을 때, 보나벤투라는 아직 유년기를 보내고 있었다. 보나벤투라는 1217년경 토스카나주에 있는 오르비에토 인근의 바뇨레지오에서 피단자의 요한(John of fidanza)이라는 이름으로 태어났다(일부 학자들은 그의 출생 연도를 1217년으로 보고, 또 다른 일부 학자들은 1221년으로 보기도 한다). 1235년경, 그는 미래를 준비하기 위하여 위대한 중세 파리대학의 인문학부 석사 과정 학생으로 입학하였다. 그곳에서 그는 초기 프란치스칸들을 접하게 되었다. 프란치스칸들은 교회 안에서 자신들의 쇄신 소명을 보다 효과적으로 도와주리라 여긴 학문적 능력에 접근하기 위해 대학 환경 안으로 들어갔다. 1236년, 파리대학에서 보나벤투라에게 깊은 영향을 주는 중요한 사건이 일어났다. 신학부의 저명한 교수였던 헤일스의 알렉산더(Alexander of Hales)가 프란치스코회 회원이 되었고, 그와 함께 신학부 학장직도 프란치스코회로 옮겨갔다. 이 사건은 젊은 신학생에게 프란치스코회가 실제로 특별히 하느님께 영감 받았음을 드러내었다. 이에 대해 보나벤투라는 수년 후「어느 익명의 교수에게 보낸 편지」에서 다음과 같이 언급하고 있다.

무엇보다도 제가 복되신 프란치스코의 삶을 사랑하게 된 이유는 그의 삶이 교회의 시작과 성장을 닮았다는 사실에 있음을 저는 주님 앞에 고백합니다. 사실, 교회는 단순한 어부들과 함께 시작되었고, 후에 저명하고 박식한 박사들로 풍요로워졌습니다. 그러므로 당신은 복되신 프란치스코의 수도회가 하느님 친히 보여주셨듯이, 인간적인 타산에 의해서가 아니라 그리스도에 의해 설립되었음을 이해하실 수 있습니다. 그리고 그리스도의 사업은 실패하지 않고 끊임없이 더욱 번창하기 때문에, 학자들이 다음과 같은 사도의 말씀(1코린 3,18[2])에 주의를 기울여, 단순한 이들의 공동체에 참여하는 것을 주저하지 않음으로써, 이 사업을 완수하신 분은 하느님이십니다. '여러분 가운데 자기가 이 세상에서 지혜로운 이라고 생각하는 사람이 있으면, 그가 지혜롭게 되기 위해서는 어리석은 이가 되어야 합니다.'[3]

2 　성경을 구성하는 각 책들의 약어는 2005년 한국 천주교 주교회의에서 발행한 『성경』의 약어들을 그대로 사용하였다.
3 　『TQ』, 13.

보나벤투라는 얼마 지나지 않아 알렉산더의 선례를 따라 수도회에 입회하고, 보나벤투라라는 이름을 사용하게 된다. 그의 학적인 능력은 인정되었고 헤일스의 알렉산더 수하에서, 나중에는 라 로쉘의 요한(John of La Rochelle), 오도 리갈디 Odo Rigaldi와 멜리톤의 윌리엄(William of Meliton) 아래에서 신학 공부를 계속하였다. 그가 신학 교수로 일하기 시작한 시기는 빠르면 1248년, 늦으면 1254년으로 추정된다. 보나벤투라는 1257년까지 계속해서 대학에서 가르쳤다(토마스 아퀴나스 Thomas Aquinas는 동료 교수였다). 그해 보나벤투라는 교수직을 떠나 프란치스코 수도회의 일곱 번째 총장으로 봉사하도록 불림 받았다. 1273년, 보나벤투라는 그레고리오 10세에 의해 알바노의 주교 추기경에 서임되었고, 리옹 공의회에 참석하던 중 1274년 7월 15일에 선종하였다.

파리에서 지내는 동안 보나벤투라는 신학과 관련된 많은 학술 작품을 집필하였다. 이 작품 중 일부는 뒤에서 살펴볼 것이다. 총장으로 선출된 이후, 그의 주요 작품들은 더욱더 깊게 수도회의 본성에 다가선 것들이었다. 그의 작품 가운데 『하느님께 나아가는 정신의 여정(Itinerarium Mentis in Deum)』에서 그 예를 가장 많이 볼 수 있다. 보나벤투라가 총장이 되었을 당시, 프란치스코의 제자들은 창립자의 정신에서 벗어난 생활로 인해 많은 어려움을 겪고 있었다. 프란치스코의 가르침에 대한 거의 종말론적이고 영성적인 해석을 추구하는 이들과 프란치스칸 운동의 근본적인 본질을 축소하고 수도회를 기존에 설립된 수도회들에 더욱더 가깝게 만들고자 하는 이들 간에 상당한 갈등이 있었다. 총장이라는 보나벤투라의 위치는 그를 이 충돌에 깊이 개입하게끔 하였고, 이로 인해 창립자의 영적 세계에 자신을 더욱더 깊게 담기 위하여 1259년 프란치스칸의 성산聖山, 라 베르나La Verna의 고독 속으로 침잠하게 된다.

  라 베르나는 아씨시에서 북쪽으로 60여 마일 떨어진 곳에 있다. 1213년, 키우시의 롤란도(Roland of Chiusi) 백작이 복음서에서 예수님께서 기도하기 위해 산으로 가셨던 것처럼, 고독과 기도의 시기를 보내기 위한 곳으로 쓰도록 이 산을 프란치스코에게 주었다. 프란치스코는 1224년 9월에 이러한 기도의 시기를 보내던 중에, 라 베르나의 정상에서 오상을 체험하였다. 그의 몸에 십자가에 못 박히신 그리스도의 상처가 새겨졌다. 보나벤투라가 그의 초기 신학 연구의 결실이자 모든 후기 작품의 모범이 되는 『하느님께 나아가는 정신의 여정』을 집필한 곳도 바로 이곳이다. 이 관상적이고 신비적인 작품은 그리스도교적 사상과 실천에 대한 보나벤투라의 특별한 공헌을 설명하는 많은 범례範例를 제공한다.

역사는 보나벤투라의 개인적인 삶에 대해 상세한 정보를 많이 제공하진 않지만, 그가 당대인들로부터 큰 존경과 더불어 사랑을 받았음은 알 수 있다. 수도회 총장으로서의 그의 역할에 대해 깎아내리는 역사적 문헌들은 직접적인 관찰이라기보다는 오히려 정치적 내분에서 생겨난 편견의 산물들이다. 그의 작품들 안에서 많이 보이는 밝게 빛나는 시성, 예술성, 평온함, 아름다움과 신앙심은 분명하게 그가 프란치스코처럼 자신의 하느님, 형제자매들, 그리고 하느님의 모든 창조 세계와 조화와 평화 안에서 살아가고자 한 인물임을 증명한다.

프란치스코와 보나벤투라 둘 다 우리 세계로 들어오는 하느님의 현존을 말과 행동으로 증거하는 영향력 있는 인물들이다. 이제 프란치스코의 마음을 온통 사로잡았고, 보나벤투라와 셀 수 없을 만큼 많은 이에게 큰 영향을 준 체험이 어떠한 것인지 살펴볼 시간이다.

영감靈感
아씨시의 성 프란치스코

- 역사적 자료들
- 하느님에 대한 인식
- 가치의 전환
- 평화의 도구
- 신비적 껴안음 – 하느님과 피조물

❖

지극히 높으시고 전능하시고 좋으신 주님,
찬미와 영광과 영예와 모든 찬양이 당신의 것이옵고,

홀로 지극히 높으신 당신께만 이것들이 속함이 마땅하오니,
사람은 누구도 당신 이름을 부르기조차 부당하나이다.[4]

아씨시의 성 프란치스코는 위의 구절로 그의 아름답기 그지없는 「태양 형제의 노래(피조물의 노래)」를 시작하고 있다. 이 노래는 그의 가슴에서 우러나온 것이었고, 그의 영감이 지니는

---

[4] 「태양 노래」, 1-4. 역주: 프란치스코의 글은 『아씨시 프란치스코와 클라라의 글』(프란치스칸 사상 연구소 프란치스칸 원천 01), 프란치스코 출판사, 서울 2014에서 인용했다.

독특한 본성을 드러내고 있다. 「태양 형제의 노래」의 첫 소절이 하느님에 대한 찬양으로 시작하면서 프란치스코의 삶 안에서 하느님을 중심 초점으로 두고 있음을 보여주는 것은 의미심장하다. 프란치스코에 관한 초기 중세 문헌들은 그가 직접 쓴 글이든 다른 이들에 의해 쓰인 글이든 모두 그가 하느님을 열렬히 사랑하였고, 전 생애가 이러한 열정으로 불타올랐던 사람임을 보여준다.

역사적 자료들

프란치스코의 생애와 관련된 우리의 정보 대부분은 성인전(Legenda)이라 불리는 — 이는 중세 용어로서 공적인 전례 모임에서 읽기 위해 쓰인 기록물을 말한다 — 다양한 초기 전기 작품들에서 비롯된 것이다. 이 가운데 중요한 것에는 토마스 첼라노(Thomas of Celano)의 『제1생애』(1228), 『제2생애』(1247), 보나벤투라의 『대전기』와 『소전기』(두 작품 모두 1263년 이전에 완성되었음), 『세 동료들의 전기』(14세기 초기), 『페루자 전기』(1311), 『완덕의 거울』(1318) 등이 있다. 비역사적인 양식으로 쓰인 것으로는 잘 알려진 『프란치스코의 잔꽃송이』(1327년과 1342년 사이에 쓰임)가 있다. 프란치스코의 글로 언급되는 자료들과 성인의 선종 이후 세기에 나타난 방대한 프란치스칸 문헌 모음을 구별하는 것은 중요하다. 우리가 현재 실제 프란치스코의 글이라고 알고 있는 것은 1976년에 처음 출판된, 작은형제회 회원 카예탄 에세르 Kajetan Esser가 작성한 본문 비평을 통해 찾아낸 것들이다. 자신의 편지들과 글이 많이 베껴지고 잘 간직되어야 한다는 프란치스코의 바람에도, 프란치스코의 글은 역사의 흐름 안에서 대부분 사라지고 말았다. 그럼에도 오늘날 우리는 1205년과 1226년 사이에 쓰인 36개의 독립된 글들의 모음집을 가질 수 있게 되었다. 대부분 글은 프란치스코가 자신의 불완전한 라틴어를 다듬을 수 있던 서기에게 받아 쓰게 한 것으로 보인다. 그렇더라도, 이 글들은 우리에게 프란치스코의 삶에 대하여 적절하게 종합적인 관점을 제공하는 데 있어 전기 자료들보다 더 크게 이바지한다. 이 글들은 우리에게 프란치스코의 개인적 종교 체험의 본질, 하느님과 자신의 관계, 그리고 그 관계가 세상에서 자신의 삶에 미친 영향에 대한 프란치스코의 인식에 대하여 많은 이해를 제공한다.

프란치스코는 관념적인 추론에 따라 글을 쓴 중세 철학자가 아니다. 그의 본성은 낭만주의자, 시인, 그리고 매우 심오한 단계의 신비가에 더 가까웠다. 프란치스코의 핵심을 파악하기 위해서는 그의 글에 대한 더 많은 기술적인 검토가 요구된다. 우리가 좋아하는 음악의 리듬과 악장樂章에 사로잡혀 우리 자신을 내어 맡기듯이, 그의 글의 흐름에 사로잡히는 것이 중요하다. 그의 종교 체험은 신학이 아니라 개인적인 기도로 표현되었다. 프란치스코가 윤리적 가르침을 줄 때, 우리에게 법적인 의무 목록을 남기는 것이 아니라 사랑으로 자극되어 응답하라고 요청하는 것이다.

하느님에 대한 인식

막스 쉘러Max Scheler는 프란치스코에 대하여 이렇게 말한다.

> 서구 역사 안에서 프란치스코와 같은 공감과 보편적 감성의 힘을 지닌 인물이 다시 나타나는 일은 없을 것이다.[5]

---

5 막스 쉘러의 『Wesen und Formes der Sympathie』에 나오는 이 글은 Leonardo Boff, 『Saint Francis: A Model for Human Liberation』, New York: Crossroad, 1982, 18에서 재인용 한 것이다.

이러한 힘의 비밀은 어디에 있는가? 프란치스코의 글을 보면 그가 삶에서 하느님의 현존을 직접적으로 인식하고 있었음을 분명히 알 수 있다. 그가 말했듯이, 그의 종교적 회심은 그저 단순히 삶을 바라보는 방식의 변화가 아니었다. 또한, 타인의 영향을 받은 그 무엇도 아니다. 그에게 타인이라는 존재는 매우 중요하였고, 자신의 마음을 분명히 알았던 사람이었다. 그렇지만 프란치스코는 그의 삶 가운데 무척 중요한 순간들 속에서 더 많은 것이 관련되어 있음을 확신하였다. 그는 자신의 회심 체험이 자신의 모든 선입견을 산산이 부수며 자신의 삶 안으로 파고 들어오는 하느님의 활동을 통해서 시작되었음을 확신하고 있었다.

그는 자신의 죽음 직전에 구술한 「유언」에서 나병 환자와 만났던 순간의 회개에 대하여 묘사하고 있다. 이 이야기는 프란치스코가 말을 타고 가던 중 갑자기 그의 길 앞에 한 나병 환자가 서 있던 것에 관해 말한다. 프란치스코는 언제나 나병 환자들을 혐오하였고, 그들의 존재를 '나에게는 쓰디쓴' 것으로 묘사한다. 분명히 그에게는 나병 환자들을 돌보고자 하는 의향이 없었고, 어떠한 접촉도 피하고자 길을 멀리 돌아가곤 하였다. 그는 자신의 회심 체험에 대하여 자신이 찾아낸 나병 환자들 가운데 하나가 아니라 존재적인 측면에서 "그들 가운데서"

라고 말하고 있다. 나병 환자를 맞닥뜨렸을 때, 그의 선천적인 본능은 그 나병 환자에게서 달아나도록 재촉하였다. 그러나 그는 대신 나병 환자에게 다가가 신체적으로 껴안는 것을, 가장 두려워하던 것을 받아들이는 것을 가능하게 해주는 용기와 연민을 체험하였다.

> **주님께서 나 프란치스코 형제에게 이렇게 회개를 시작하도록 해 주셨습니다. 죄 중에 있었기에 나에게는 나병 환자들을 보는 것이 쓰디쓴 일이었습니다. 그런데 주님 친히 나를 그들 가운데로 이끄셨고 나는 그들과 함께 지내면서 자비를 실행하였습니다.**[6]

프란치스코에게 있어 이 만남의 본질은 그 자신의 능력을 넘어서는 것이었다. 그것은 그에게 '허락된' 무엇이었다. 그는 자신의 삶을 변화시킨 이 체험을 그의 삶의 흐름을 넘어서는 데 있어 하느님의 넘치는 활동을 언급하면서 설명할 뿐이다.

---

6 「유언」, 1-2.

후에 「유언」에서 프란치스코는 이렇게 말하고 있다.

> 그리고 주님께서 나에게 몇몇 형제들을 주신 후 내가 해야 할 일을 아무도 나에게 보여 주지 않았지만, 지극히 높으신 분께서 친히 거룩한 복음의 양식에 따라 살아야 할 것을 계시하셨습니다.[7]

회개 당시 프란치스코는 사제가 아닌 평신도였다. 중세 사회의 상황에서 이러한 점은 성경 — '거룩한 복음' — 과 그 자신 사이에 두 가지 장애물을 초래했다. 우선, 비용과 교회의 규율의 이유로 그가 원하는 대로 성경을 가지지 못했을 가능성이 크다. 성경을 설명하는 일은 오직 사제에게만 주어진 일이었다. 두 번째로, 성경은 오로지 라틴어로만 사용할 수 있었다. 비록 프란치스코가 움브리아 지역의 방언方言을 자유자재로 구사하였어도 라틴어에는 그리 능숙하지 못했음에 주목해야 한다. 그는 아마도 라틴어에 정통한 형제들 가운데 한 명이나 사제의 묵상을 통해서 성경에 접근할 수 있었을 것이다.

/ 「유언」, 14.

프란치스코의 회심 체험을 그가 살았던 시대 상황의 결과로 설명하고자 하는 시도, 즉 특정한 사회적, 종교적 압력이 그의 마음속에 하느님께서 그를 불러주셨다고 느끼게 한 배경의 일부였다고 주장하는 것은 당연하다. 하지만 이는 프란치스코가 그의 생애 마지막 순간에도 자신의 성소를 하느님에게서 비롯된 것으로 이해한 그 방법은 아니다. 위에서 언급한 「유언」의 발췌 구절에서 분명히 드러나듯이, 그는 하느님에게서 비롯된 자신의 특별한 성소가 그에게 성경을 풀이해 준 누군가에 의해 생겨난 것이라고 믿지 않았다. 그의 성소는 그가 말했던 것처럼, 이것이 성경이 의미하는 바이고 그러므로 그러한 삶의 양식으로 살아야 한다고 말해준 사제에게서 비롯된 것이 아니었다. 이와는 반대로 프란치스코는 "내가 해야 할 일을 아무도 나에게 보여주지 않았다"고 주장한다. 비록 그가 자신의 회심 체험을 성경의 빛과 교회 공동체 안에서 밝혀진 것으로 보았더라도, 이 체험의 원인은 성경이나 공동체 어느 곳에도 속하지 않는 것이다. 더 정확히 말하자면, 그의 초기 체험은 하느님의 활동과 관련되어 있었다. "지극히 높으신 분께서 친히 나에게 계시하셨습니다." 이 계시는 그가 기도하고, 존경하는 이들에게 조언을 구하고, 교회 공동체가 읽고 설명하는 복음을 듣는 동안 점차 명확해졌다. 프란치스코는 하느님이 맨 처음 개인적으로 그를 부르신 실재와 이것의 의미가 나중에 사회적, 종교적 환경 안에서 그에게 밝혀지리라 믿었다.

프란치스코가 하느님께서 직접 불러주셨다는 그의 확신이 결코 '자기 마음에 드는 일만 하는 것'을 정당화하는 것으로 느끼지 않았음에 유념하는 것이 중요하다. 그는 자신의 확신이 더 큰 교회 공동체에서 검증되어야 한다고 주장하였고, 교회의 대표 ― 첫째로 그의 지역 주교, 그리고 로마의 교황 ― 에게서 자신의 성소에 관한 확인을 구하였다. 1209년, 교황 인노첸시오 3세는 프란치스코의 삶의 양식을 승인하였다. 하느님께서 개개인을 직접 부르실 수 있지만, 누군가는 그러한 부르심의 본질을 잘못 이해할 가능성이 매우 크다. 최근 몇 년간 우리는 하느님께서 자신을 부르셨다고 확신하였지만, 더욱 큰 종교나 사회 공동체의 인준을 받는 데 있어 자신의 확신을 밝히기를 거부한, 스스로 '예언자'라 칭하던 이들의 활동이 초래한 비극적인 결과들을 보아왔다. 하지만 프란치스코는 자신의 성소가 자신을 하느님의 백성보다 더 크게 만드는 것이 아니라, 언제나 하느님 백성의 일부가 되게 하는 것임을 깨달았다. 효모가 반죽과 분리되지 않고 그 안에 완전히 섞여야만 잠재력을 발휘하는 것처럼, 프란치스코는 교회 공동체 안에 자신을 담갔고 그 교회 공동체에 새 생명을 가져나주었나.

가치의 전환

프란치스코가 지닌 힘의 비밀은 그의 삶 안에서 하느님의 현존을 직접적으로 인식한 것에 있다. 그는 하느님의 활동과 거룩한 부르심에 대한 민감한 감각으로 하느님을 향한 강렬한 갈망을 느끼게 되었다. 그는 하느님에게서 자신을 멀어지게 하는 모든 것에서 자유로워지기를 바랐고, 예수 그리스도 안에서 그의 모범을 찾았다. 이후 그의 생활양식은 문자 그대로 그리스도를 따르는 것이었다. 이는 자기 자신을 죽이는 것, 타인을 위해 사는 것, 다른 모든 것에 합당한 선이시며 사랑이신 주님을 위해서 모든 것을 봉헌하고자 하는 의지의 삶이었다. 이때 여기에서 가치의 전환이 이루어진다. 이전에 그가 중요하다고 애착한 것이 그를 만족하게 하지 못하는 데 반하여, 새로운 우선순위 체계는 그의 전 존재에 활력을 불어넣었다.

이러한 가치의 전환은 오직 하느님의 영의 힘에 대한 철저한 의존성을 통해서만 성취될 수 있다. 프란치스코가 '영'이라는 단어를 사용하는 방식은 성 바오로의 그것과 유사하다. 즉, 하느님의 영에 사로잡힌 인간의 영에 대한 히브리적 이해와 유사하다. 이는 그 자신의 수고의 힘이 아니라, 프란치스코가 의지했던 힘이었다. 그는 '육'을 따르기보다 '영'을 따라 살아야 한다고 말하였다.

> 하느님의 종이 주님의 영을 지니고 있는지는 이렇게 알 수 있습니다. 주님께서 그 사람을 통하여 어떤 선을 행하실 때, 그의 육이 그 때문에 자신을 높이지 않을 때 알 수 있습니다.[8]

'육'은 자기 자신의 목적과 중요성만을 보는 이기적인 자아이다. 이는 하느님에 대한 의존성을 거부하는 이기적인 자아이다. 이는 본질에서 하느님을 흠숭하기보다는 자기 자신을 사랑하는 것이기 때문에 프란치스코는 이러한 태도를 죄로 규정하였다. '육'을 따라 사는 사람은 자기애에 사로잡히게 되지만, 영을 따라 사는 사람은 자기 자신을 죽이고 하느님을 모든 선의 근원으로 여긴다.

> 사람들로부터 천하고 무식하며 멸시받을 자로 취급받을 때와 마찬가지로, 칭찬과 높임을 받을 때도 자

---

8 「권고」, 12.

기 자신을 더 나은 사람으로 여기지 않는 종은 복됩니다. 사실 인간은 하느님 앞에 있는 그대로이지 그 이상이 아니기 때문입니다. [9]

영에 대한 생생한 체험은 프란치스코의 여정에 있어 결정적이었고, 하느님과 인류와 하느님의 모든 피조물에 대한 관심에 영향을 주었다. 이는 어느 날 몇몇 형제들이 양식을 얻기 위해 숲에서 나와 자신들에게 온 강도들에게 음식을 주어야 하는지 말아야 하는지 프란치스코에게 물어보았던 이야기에서 잘 드러난다. 프란치스코는 형제들에게 빵과 포도주를 사서 강도들을 위해 저녁을 준비하고 겸손과 쾌활함으로 그들을 대접하도록 조언하였다. 강도들이 배를 채우는 동안, 형제들은 그들에게 하느님의 말씀을 공손하게 들려주었고, 더 이상 그 누구도 해하거나 때리지 않도록 처음으로 부탁했다. 프란치스코가 말했듯이, 이는 그들에게 보여준 사랑으로 감동을 주었고, 이렇게 하여 점차 그들의 생활 방식을 변화시킬 수 있었다.[10]

---

9 「권고」, 19.
10 참조:『완덕의 거울』, 66.

이 이야기의 정확한 역사적 사실이야 어떠하든, 프란치스코의 특징 가운데 중요한 요소 하나를 반영하고 있다. 그는 자신의 삶 안에 존재하는 '강도'와도 같은 면을 잘 알고 있었다. 어쩌면 자신의 초기 욕망을 뭇사람들 앞에서 인정받기 위해서 다른 이들 위에 군림하고 그들에게 권력을 행사하거나, 심지어 해를 가하려고까지 했을지도 모른다.

그는 자기의 고유한 존재 안에 내재하는 부정적인 실재와 가능성을 잘 알고 있었다. 한 형제가 그에게 "사부님, 사부님께서는 자신을 어떻게 생각하십니까?"라고 물었을 때, 그가 대답하였다.

> **나는 내가 가장 큰 죄인임을 알고 있습니다. 왜냐하면, 하느님께서 내게 보여주신 모든 자비를 어떤 악한에게 보여주셨다면, 아마 그는 나보다 두 배는 더 영적인 사람이 되었을 것이기 때문입니다.**[11]

프란치스코의 강도들에 대한 접근은 그 자신의 삶에서 하

---

11 「2첼라노」, 123.

느님의 그와 '강도들'에 대한 접근을 반영하였다. 그의 하느님의 영 체험은 유죄 선고의 하나가 아니라, 오히려 점차 그를 새로운 삶의 방식으로 이끄는 인내와 환대였다. 그는 자신의 더욱 깊은 자아를 받아들이고, 그 자아와 평화롭게 지내도록 자신을 격려하였다. 그는 더는 뭇사람들 앞에서 자신을 증명할 필요가 없었고, 또한 다른 이들이 적대적인 방법으로 그에게 반응할 때도 두려워하지 않게 되었다. 이는 서로 어떤 관계를 맺어야 하는지에 대한 그의 가르침의 본보기를 형성하였고, 프란치스코를 평화와 용서와 화해를 위한 모범으로 세상에 내놓았던 체험이었다.

> **죄를 지은 형제가 그대의 눈을 바라보고 자비를 청했는데도 그대의 자비를 얻지 못하고 물러서는 형제가 이 세상에 아무도 없도록 하십시오. … 그리고 그런 다음에도 그가 그대의 눈앞에서 수천 번 죄를 짓더라도 그를 주님께 이끌기 위하여 나보다 그를 더 사랑하십시오.[12]**

---

12 「봉사자 편지」, 9,11.

평화의 도구

프란치스코는 술탄 멜렉-엘-카밀Melek-el-Kamil을 만나기 위해 자신을 평화의 중재자로 준비하였다. 5차 십자군 원정은 그리스도교 세계와 이슬람 세계 간의 격렬한 적대 관계를 배경으로 한다. 1218년 십자군은 이집트 해안에 상륙하여 다미에타를 포위하였다. 그들의 상대는 총명하고 고상하며 신실한 인물로 묘사되는 살라딘Saladin의 조카, 멜렉-엘-카밀이었다. 1219년, 프란치스코는 그를 만나기로 결심하고 나일 삼각지에 있는 다미에타에 당도하였다.

프란치스코와 술탄 간의 만남에 관해서는 몇몇 기록이 존재한다. 프란치스코가 설교로써 술탄을 개종시키려는 의도로 분계선을 건너간 것과 무사히 십자군 진영으로 돌아온 것은 분명하다. 15세기의 한 아랍 저자 역시 두 인물의 만남에 대해 간접적으로 증언하고 있다.

이러한 기록 중 하나는 실제로 다미에타에서 프란치스코를 만났고, 프란치스코가 아직 살아있을 당시에 기록을 남겼던 비트리의 야고보(Jacques de Vitry)가 제공한다.[13] 야고보는 다미에

---

13 비트리의 야고보가 전하는 프란치스코와 술탄의 만남에 대한 기

타에서부터 술탄 진영에 이르기까지 계속해서 비무장 상태였던 프란치스코에 대해 진술한다. 프란치스코는 도중에 포로로 잡혔지만, "나는 그리스도인입니다"라고 선언하고 술탄에게 데려가 달라고 요청하여 멜렉-엘-카밀 앞에 서게 되었다. 술탄은 프란치스코에 매료되었고 그리스도에 관한 그의 설교에 귀 기울였다. 마지막에 술탄은 프란치스코에게 십자군 진영으로 돌아가는 안전한 통행을 보장해주었다.

분명히 이 만남에 대한 기록들은 직접, 또는 영상으로 현장의 내용을 전달받고자 하는 현대인의 요구를 충족시켜주지는 못할 것이다. 그렇지만, 이 사건은 프란치스코를 통해 드러난 정신에 대해 많은 것을 말해주고 있다. 프란치스코는 비무장한 평화의 사람으로 술탄의 진영으로 갔다. 그는 두 군대를 서로 대립하게 했던 두려움과 편견을 없앴다. 프란치스코는 십자군과는 대조적으로 "신앙의 방패 외에 다른 보호 없이" 술탄의 진영으로 갔다. 그는 자신의 믿음 — 그리스도와 그분 안에서 계시되는 하느님에 대한 믿음 — 의 순수성을 전하기 위해

록은 F. De Beer, 『We Saw Brother Francis』, Chicago: Franciscan Herald Press, 1983, 131-132에서 찾아볼 수 있다. 이 만남에 대한 기록은 7장에서도 다시 언급된다.

십자군을 상징하는 그리스도교적 정치 체계를 잊어버렸다. 그는 술탄에게 자신과 마찬가지로, 그 자신의 신앙의 순수성을 받아들이기 위해 이슬람 정치 체계를 넘어서라고 요청하였다. 술탄이 프란치스코에게 십자군 진영으로의 안전한 귀환을 보장했다는 점은 프란치스코가 그에게 깊은 인상을 주었음을 명백히 보여준다. 하느님에 대한 프란치스코의 깊은 믿음은 그에게 정치적, 종교적 장벽을 무너뜨릴 힘을 주었고 종교 간 대화의 본보기가 되게 하였다. 이러한 대화는 현대에 긴급한 사안 중 하나이기에, 이 책의 후반부에서 이 만남의 의의를 더 자세히 살펴보게 될 것이다.

신비적 껴안음 - 하느님과 피조물

신비가로서의 프란치스코에 대한 이해 없이 프란치스코의 정신을 파악하는 것은 불가능하다. 이 신비주의의 핵심은 하느님 안에서 삶의 충만함을 실현하기 위해 이기적인 자아를 죽이는 데에 있다. 그의 신비 여정은 그가 하느님의 육화한 실재로 믿었던 그리스도를 뒤따르는 것과 떼어놓을 수 없는 관계에 있었다. 프란치스코는 "우리 주 예수 그리스도의 정배들이요 형제들이며 어머니들"¹⁴이라는 관점에서 신비적 일치를 묘사하고 있다. 신비적 일치의 친밀함과 다정함은 형제애라는 남성적 이미지로 표현될 뿐 아니라 부부애의 모습과 어머니와 자녀 사이를 묶는 유대감을 포함한다.

> **성령으로 말미암아 신실한 영혼이 우리 주 예수 그리스도께 결합할 때 우리는 정배들입니다. 우리가 "하늘에 계신 아버지의 뜻을"**(마태 12,50) **실천할 때 우리는 그분의 형제들입니다. 신성한 사랑과 순수하고 진실한 양심을 지니고 우리의 마음과 몸에 그분을 모시고 다닐 때 우리는 어머니들입니다. 표양으로 다른 이들에게 빛을 비추어야 하는, 거룩한 행위로써 우리는 그분을 낳습니다.**¹⁵

프란치스코가 여기서 '결합(conjungitur)'이라는 단어를 사용하는 점에 주목해야 한다. 이 단어는 중세에 혼인 관계의 친밀한 본성을 표현하는데 자주 쓰였다. 프란치스코는 관념적인 신학을

---

14 「1신자 편지」, 7; 「2신자 편지」, 50.
15 「1신자 편지」, 8-10; 「2신자 편지」, 51-53.

기술하고 있는 것이 아니라 심원한 개인적 체험에서 오는 헤아릴 수 없는 기쁨을 이야기하고 있다. 그의 강렬한 하느님 체험은 뒤이어 이어지는 찬미의 형용사들에서 터져 나온다.

> **거룩하시고 위대하신, 아버지를 하늘에서 모시는 것은, 오, 얼마나 영광스러운지! 위로가 되고 아름답고 감탄스러운 그러한 정배를 모시는 것이 오, 얼마나 거룩한지! 또한, 흡족스럽고 겸손하고 평화롭고 감미롭고 사랑스러우며 무엇보다도 먼저 열망해야 할 그러한 형제와 그러한 아들인 우리 주 예수 그리스도를 모시는 것이, 오, 얼마나 거룩하고 소중한지!**[16]

프란치스코의 신비 체험은 그의 모든 피조물과의 관계 안에서 표현되었다. 우리는 이를 그가 직접 작성한 「태양 형제의 노래」에서 찾아볼 수 있다. 「태양 형제의 노래」는 범신론(신이 아닌 존재는 없으며, 신과 물질세계를 분리할 수 없다고 믿는 세계관)에 대한

---

16 「1신지 편지」, 11-13; 「2신자 편지」, 54-56.

헌사가 아니다. 또한, 자연 세계에 대한 심미적인 감상도 아니다. 「태양 형제의 노래」의 핵심에 놓여 있는 것은 그가 개인적으로 체험한 하느님이 동시에 창조된 만물 안에 당신의 선하심을 반영하는 창조주 하느님이기도 하다는 것이다.

「태양 형제의 노래」의 주요 부분은 프란치스코의 생애 마지막 순간에 육신의 병과 자신의 수도회의 미래에 대한 정서적인 염려로 인해 고통받던 때에 쓰였다. 그런데도 그는 자신과 하느님의 관계를 되돌아봄으로써 하느님 선하심의 항구성에 압도되었고, 이는 그를 모든 창조된 물질 안에서 하느님의 선하심의 반영(refelctions)을 보고 체험하도록 이끌었다.

「태양 형제의 노래」에서 그는 창조된 세계를 '형제', '자매', '어머니'라고 부르고 있다. 이러한 특성들은 단순히 시적 의인화가 아니라 영성적인 관계에 대한 표현이다. 프란치스코는 모든 피조물이 지닌 반영의 신성함에 경의를 표함으로써 이러한 관계를 맺을 수 있었다. 그는 창조주 하느님이 최고선이라고 믿었고, 세계는 하느님의 선하심의 반영이므로 그 세계를 거룩한 실재로 인식할 수 있었다. 「태양 형제의 노래」의 찬미는 심지어 산 다미아노 수도원에 앓아누워있을 때조차도 자신을 둘러싼 모든 것에서 신적 사랑의 창조적 현존을 인식하고 느낄 수 있던 프란치스코를 증언한다. 다시 한번, 그는 그 누구도 그에게서 빼앗아 갈 수 없는 깊게 자리 잡은 기쁨과 믿음으로 그의 마음을 채우기 위해 두려움을 몰아내었다.

> 지극히 높으시고 전능하시고 좋으신 주님,
> 찬미와 영광과 영예와 모든 찬양이 당신의 것이옵고,
> 홀로 지극히 높으신 당신께만 이것들이 속함이 마땅하오니
> 사람은 누구도 당신 이름을 부르기조차 부당하나이다.
>
> 내 주님, 당신의 모든 피조물과 더불어 찬미받으시옵고,
> 그 가운데 각별히 주인이신 해님 형제와 더불어 찬미받으소서. …
>
> 내 주님, 우리 어머니인 땅 자매를 통하여 찬미받으시옵소서.
> 그는 우리를 기르고 보살피며
> 울긋불긋 꽃들과 풀들과 온갖 열매를 낳아 주나이다.
>
> 내 주님을 찬미하고 찬양들 하여라.
> 감사를 드리고, 한껏 겸손을 다하여 주님을 섬겨라.[17]

---

17 「태양 노래」, 1-6, 20-22, 32-33.

성 프란치스코는 오늘날 생태계의 주보 성인으로 잘 알려졌다. 20세기 말, 인류는 그 어느 때보다도 우리가 사는 자연 세계에 대한 존중과 관심을 가져야 할 의무를 인식하고 있다. 이러한 존중 없이는 생태계의 균형은 파괴될 것이고, 후손들에게 비극적인 결과를 초래할 것이다. 현대 인류는 환경에서 종종 이방인처럼 살아가고, 자신들이 살아가는 세계와 올바른 관계를 맺지 못하는 것으로 보인다. 프란치스코는 모든 피조물이 자신들 안에 하느님의 창조적 선의 반영을 내포하고 있다는 믿음을 통해 창조된 세계와 영적 관계를 맺는 우리의 감각을 회복하는 능력을 제안한다. 프란치스코의 13세기 전기 작가였던 토마스 첼라노는 『성 프란치스코의 제2생애』에서 다음과 같이 기록하고 있다.

> 프란치스코는 만물 안에서 사랑이신 하느님을 찾고자 하였다. 그는 주님의 손에서 빚어진 모든 작품 안에서 즐거워하였고 유쾌한 사물들의 배후의 뜻을 살핌으로써 그 사물들에게 생명을 부여하는 이성과 원인을 보았다. 그는 아름다운 사물들 안에서, 아름다움 자체를 보았다. … 그분의 발자국이 서려 있는 사물들을 통하여 그는 어디서나 사랑이신 그분을

따라갔다. 그는 홀로 모든 사물에서 사다리를 만들어 그 사다리를 밟고 옥좌로 올라갔다.[18]

보나벤투라는 자신이 작성한 프란치스코의 생애[19]에 대한 주요한 기록에서 다음과 같이 언급하고 있다.

모든 것이 같은 근원에서 생겨 나온다는 인식은 프란치스코를 지금까지보다 더 큰 애정으로 가득 채웠다. 그래서 그는 아주 미미한 피조물에게조차도 그들이 그와 똑같은 기원을 가졌다는 것을 알고 있었기 때문에 형제자매라고 불렀다(『L』, 8.6).

프란치스코의 마지막 신비 체험은 성산, 라 베르나의 정상에서 일어났다. 앞서 1장에서 언급했듯이, 프란치스코는 종종 고독과 기도의 긴 시간을 보내기 위해 라 베르나에 은둔하곤 했는데, 이곳이 십자가에 못 박히신 그리스도의 상처를 그 자

---

18 『2첼라노』, 165.
19 역주: 보나벤투라 대전기는 보나벤투라, 『보나벤투라에 의한 아씨시의 성 프란치스꼬 대전기』, 꼰벤뚜알 프란치스코회 펴냄, 권숙애 옮김, 분도출판사, 경북 1976에서 인용했다.

신의 몸으로 체험한 곳이었다. 그리스도를 따라서 자기 자신에 대해 죽는다는 것은 하느님께 순명하여 자기를 내어준 그리스도 사랑의 행위와 육체적으로 일치하는 것에서 가장 완벽하게 표현되었다. 이때 라 베르나에서 그와 동행한 프란치스코의 가까운 동료 레오 형제는 이렇게 기록하고 있다.

> 복되신 프란치스코께서는 세라핌 모습을 보고, 가르침을 듣고, 자신의 몸에 그리스도의 상처가 새겨진 다음, 이 양피지의 뒷면에 기록된 "찬미"를 지으셨으며, 자기에게 베풀어주신 은혜에 하느님께 감사드리며 당신의 손으로 직접 이를 기록하셨다.

당신은 기적을 일으키시는
거룩하시고 유일하신 주 하느님이시나이다.

당신은 힘세시나이다.
당신은 위대하시나이다.
당신은 지극히 높으시나이다.

당신은 전능하시나이다.
당신은 거룩한 아버지, 하늘과 땅의 임금님이시나이다.

당신은 삼위이고 한 분이시오며 신들의 주 하느님이시나이다.

당신은 선이시고 모든 선이시며 으뜸선이시고

살아 계시며 참되신 주 하느님이시나이다.
당신은 애정이시며 사랑이시나이다.

당신은 지혜이시나이다.
당신은 겸손이시나이다.
당신은 인내이시나이다.

당신은 아름다움이시나이다.
당신은 안전함이시나이다.
당신은 고요이시나이다.

당신은 즐거움이시며 기쁨이시나이다.
당신은 우리의 희망이시나이다.
당신은 정의이시며 절제이시나이다.

[당신은 우리의 흡족한] 온갖 보화이시나이다.

당신은 아름다움이시나이다.
당신은 온화이시나이다.

당신은 보호자이시나이다.
당신은 수호자요 방어사이시나이다.

당신은 힘이시나이다.
당신은 피난처이시나이다.
당신은 우리의 희망이시나이다.

당신은 우리의 믿음이시나이다.
당신은 우리의 사랑이시나이다.

당신은 우리의 모든 감미로움이시나이다.

당신은 우리의 영원한 생명이시나이다.

위대하시고 감탄하올 주님,
전능하신 하느님, 자비로운 구원자시여![20]

프란치스코의 하느님 체험은 그의 삶을 변화시켰던 체험이었고, 하느님을 향한 여정의 길을 따라 걷게 될 미래의 순례자들을 위한 영감과 본보기로 그를 자리 잡게 해준 것이었다. 보나벤투라도 이러한 순례자 가운데 하나였다. 보나벤투라는 아씨시의 빈자처럼 하느님의 영에 사로잡히게 되는 것이 무엇을 의미하는지를 더욱더 넓은 세상에 알리도록 재능을 주신 하느님에게 헌신하였다.

---

20 「하느님 찬미」, 1-17.

보나벤투라의 지적 유산

- 아우구스티노
- 위-디오니시우스
- 성 빅토르 학파

❖

성령의 도유 없는 영적 독서, 경건한 기도 없는 정관, 경이 없는 탐구, 기쁨 없는 관찰, 경건한 열의 없는 행동, 사랑 없는 지식, 겸손 없는 이해, 하느님의 은총 없는 노력, 다시 말해서 하느님께서 불어넣어 주신 지혜 없이 거울처럼 반사하는 것은 충분하지 않음을 믿자(『I』, PROLOGUE 4).

프란치스코의 글은 얼마 남아 있지 않은 것에 비해, 그에 관한 많은 이야기와 전기들이 생겨났다. 보나벤투라는 정반대의 경우이다. 우리는 꽤 많은 보나벤투라 작품 모음집을 가지고 있지만, 그를 알았던 이들이 보나벤투라에 관해 쓴 것은 그 수가 매우 적다. 그의 작품은 학문적인 작품들이다. 일부는 전문적이고 철학적인 성격을 띠고, 다른 일부는 시적이며 문학적인 재기才氣의 신선미와 생기로 충만하다. 학자로서 그는 다양한 초기 그리스도교 사상가들과 비그리스도교 사상가들에 정통하였고 고유의 철학적 신학을 형성하는데 이들을 활용하였다. 그럼에도 불구하고 우리가 이미 보았듯이, 그의 영감의 핵심은 여전히 아씨시의 프란치스코의 삶과 체험이다.

보나벤투라의 작품은 파리대학 시기의 것과 프란치스코회의 총장직에 선출된 이후의 것의 두 범주로 구분할 수 있다. 파리 시기의 작품들은 중세 후기의 논증법에 따라 쓰였다. 검증해야 할 논제는 먼저 긍정적인 해답을 제시하고 공인된 권위자들, 특히 교부들과 철학자들의 작품에서 제시되는 주장으로 뒷받침한다. 이어서 이러한 입장에 대한 반대 의견을 살펴보고, 이후 교수는 자신의 결론을 제시한다. 마지막으로, 앞서 제기된 반대 의견들에 대답한다. 우리는 이 구조를 『삼위일체의 신비에 관한 토론 문제집』이나 『그리스도의 인식에 관한 토론 문제집』과 같은 작품에서 볼 수 있다. 총장 선출 이후 보나벤투라의 작품들은 더욱더 영성적인 특성을 보이는 경향이 나타나는데, 『하느님께 나아가는 정신의 여정』이나 『육일간의 창조에 관한 학술강연집』과 같은 후기 작품들 안에서 문체와 주제에서 눈에 띄는 변화를 보게 된다. 하지만 그는 계속해서 자신의 초기 작품들에서 중요했던 학문 권위자들에 정통하고, 또 그들을 활용하고 있음을 보여준다.

이러한 학문 권위자들은 누구이며 어떤 방식으로 보나벤투라의 사상 형성에 영향을 미쳤는가? 보나벤투라는 다양한 권위자를 활용하지만, 이 책에서는 세 명의 핵심 인물에 집중하고자 한다. 보나벤투라는 초기 교회의 동서방 양쪽 모두의 전통을, 특히 아우구스티노와 위-디오니시우스를 활용하였다. 그와 좀 더 시대적으로 가까운 시기에서는 특별히 성 빅토르 학파의 영향을 받았다.

아우구스티노

아우구스티노(354-430)의 작품들은 방대하고, 그에 대한 비평적 분석을 시도하는 것은 이 책의 범위를 벗어난다. 하지만 보나벤투라가 아우구스티노를 그의 신학적 고찰을 위한 본질적인 출발점으로 삼고 있음은 말할 수 있다. 아우구스티노는 이렇게 썼다.

알기 위해 믿는다.
믿음이 필수적으로 앞서 오고 앎은 후에 온다.

위 문구가 의미하는 바는 믿음을 고백하는 이들에게 그들의 신앙을 위해 이성이 필요하지 않다는 것이 아니었다. 아우구스티노에게 있어 우리가 고백하는 믿음을 세상 안에서 우리 삶에 대한 관심과 통합시키기 위해서는 인간 지성이라는 하느님이 준 선물을 사용하는 것은 중요했다. 종교적 신앙에 대한 관심과 일상생활에 대한 관심은 분리되지 않는다.

하지만 아우구스티노가 강조한 바는 이성적인 논쟁이 믿음을 낳지 못한다는 것이었다. 믿음은 인간이 지닌 본질적인 신념이고, 아무리 많은 논증도 이러한 신념을 가져다주지 못한다. 아우구스티노는 이 신념을 먼저 지녀야 하고 그 후에 그것을 이해하고자 노력해야 한다고 주장한다. 이러한 이해의 작업은 필연적으로 우리의 믿음에 대해 이성적으로 사유하는 과정을 수반한다. 신학은 이 과정을 주된 관심사 중 하나로 다룬다. 아우구스티노는 교회의 신학은 반드시 대대로 전해 내려온 성경과 계시와 신앙 고백에서 시작해야 한다고 단언한다.

아우구스티노와 마찬가지로, 보나벤투라도 신학적 고찰은 반드시 신앙에서 시작되어야 한다고 믿었다. 신앙이란 어떤 명제에 대한 믿음이 아니라, 삶의 최종적인 의미와 가치는 이 세계를 창조하고 현존하는 피조물을 기르시고 부양하는 하느님 안에 있다는 개인의 근본적인 신념을 의미하는 것이다. 교회가 인정하고 공식적으로 받아들여진 기록된 신앙 체험인 성경이나 계시는, 만약 그것이 유익하다면, 먼저 신학적 사고를 길어내는 원천이 된다. 이어서 마르지 않는 원천에서 길어 올린 신학은 최대한 이성을 사용한다. 보나벤투라는 우리가 하느님의 계시라는 위대한 지식 앞에서 겸손의 정신으로 우리의 이성을 사용할 때, 인간 정신과 마음의 깊은 열망에 답해줄 신앙에 대한 이해를 형성하기 시작하는 것이 가능하다고 주장하였다.

정신과 마음(Mind and heart), 이는 보나벤투라 신학의 비밀이었다. 그가 사용한 용어들은 지성(intellectus)과 감성(affectus), 특히 사랑에 대한 갈망이다. 이들이 결합할 때 생겨나는 것은 지식이 아니라 지혜(sapienza)이다. 지혜는 보나벤투라에게 있어 신학의 목적이었다. 그는 사실을 배우기 위해서가 아니라 지혜로워지기 위해서 신학을 공부하였다. 신학은 단순히 지적 활동이 되어서는 안 되고, 삶의 여정에 통합되어야만 한다. 이는 오늘날에도 중요한 가르침이다. 지적인 연구는 너무 쉽게 삶의 다른 부분과 분리될 수 있다. 이는 신학에서도 다른 학문에서도 틀림없는 사실이다. 우리가 보나벤투라에서서 배우는 것은 신학이 단순히 학문적 활동에 그친다면 자신의 임무를 다하지 못한다는 것이다. 신학의 주제는 반드시 인간의 영적, 윤리적, 사회적 요구를 포함해야만 한다.

오늘날 탐구 영역 가운데 매우 중요한 것 중의 하나는 인간에 대한 연구, 곧 심리학의 영역이다. 아우구스티노는 초기 그리스도교 심리학자였다. 프로이트 학파와 후기 프로이트 학파에 친숙한 우리에게 인간에 대한 그의 분석은 원시적으로 보일지도 모른다. 이 책이 아우구스티노의 심리학을 올바로 평가하는 데 있어 부적합하지만, 엄밀히 말하면 이러한 평은 적절해 보인다. 그렇더라도 아우구스티노가 이해한 것은 극히 중요한 종교적 통찰이었다. 이는 인간은 하느님의 모상으로 창조되었으므로 우리가 인간의 신비를 철저히 연구할 때, 여러 면에서 하느님의 신비에 들어간다는 통찰이다. 실제로 많은 현대 영성의 동향은 이 전제를 바탕으로 한다. 인간에 대한 아우구스티노의 심리학적 분석이 조금 단순하긴 하지만, 이 점이 그가 가졌던 본질적인 이해의 가치를 부정하는 것은 아니다.

우리는 아우구스티노의 작품들에서 인간 정신의 깊은 곳에서 하느님을 찾고자 하는 내적 여정의 윤곽을 찾아볼 수 있다. 아우구스티노의 출발점은 인간은 본질적으로 '하느님의 모상'이라는 그의 확신이다. 따라서 우리가 우리 자신을 바라볼 때, 그것은 우리가 하느님의 빛이 빛나고 있는 거울을 바라보는 것과 같다. 거울을 본다고 상상해보자. 우리가 초점을 맞추는 것은 거울 그 자체가 아니다. 더 정확히 말하자면, 우리가 보고 있는 것은 거울에 비쳐 보이는 빛이다. 이와 마찬가지로 아우구스티노는 우리가 자신을 바라볼 때 우리 자신이 아니라 그곳에 반영된 하느님의 빛에 초점을 맞추어야 한다고 주장한다. 보나벤투라는 『하느님께 나아가는 정신의 여정』에서, 특히 3장에서 이 주제를 다루고 있다.

> **우리는 우리 자신의 자아로 들어가서, 거울을 통해 하느님을 보려고 노력해야 한다. 여기서 진리의 빛이 우리 정신의 표면 위에서 빛나고 있다**(『I』, 3.1).

『하느님께 나아가는 정신의 여정』 3장은 자아에 대한 심리학적 분석과 관련이 있다. 그렇지만 하느님께 나아가는 여정이 단순히 자기 이해의 성취와 같은 것이 아님은 분명하다. 이는 정신 분석을 하느님으로 만들고 신앙 여정을 심리학적인 여정과 동일시하는 것이다. 보나벤투라는 그의 길이 자아에 대한 보다 더 분명한 이해로 이끌어준다고 수상한다. 자아는 오직 자신의 근원이자 불변의 운명인 하느님과의 관계 안에서만 완전히 이해된다.

　자아를 향한 여정에 관한 보나벤투라의 권고는 하느님께 나아가는 여정에서 필수적이다. 영적 여정을 원하는 이들은 볼 수 없는 하느님을 체험한다는 것이 의미하는 바가 무엇인지 틀림없이 물을 것이다. 보나벤투라는 우리에게 인간 자아의 심리학적 본성에 대해 숙고하도록 권고한다. 자아는 하느님의 모상이기에, 우리가 하느님에 관한 무언가를 이해하는 데 도움을 주는 유사점들을 이러한 숙고를 통해 얻을 수 있다. 예를 들어, 연구하고 추론하는 능력에 대한 숙고는 인간 마음에 있는 본성적인 불안에 대한 인식을 불러일으킨다. 이것은 우리가 삶과 세계에 대해 더욱더 이해하고자 하는 갈망, 우리가 지닌 진리를 찾고자 하는 채울 수 없는 목마름이라는 인간 본성의 일부이다. 우리가 추론하는 능력을 사용할 때, 우리는 현재의 한계들을 초월하고자 하는 욕구를 입증한다. 우리는 본성적으로 무한을 향해 나아가게 되어 있다. 그리고 그 안에는 하느님의 생명이 반영되어 있다.

　갈망하고 사랑하는 인간 능력에 대한 숙고는 개인이 어떻게 사랑으로 자아를 넘어 타인의 신비에 들어가게 되는지 보여준다. 보나벤투라는 이러한 신비의 경이로움은 영원한 타자

(Eternal Other)의 신비의 경이로움을 반영한다고 말한다. 이는 우리가 하느님 체험이 무엇을 의미하는지에 대해 무언가 이해하기 시작할 수 있는 자아의 본성에 대한 숙고의 유형이다.

보나벤투라의 작품들에서 아우구스티노의 영향은 분명하게 나타난다. 그는 하느님을 언급하지 않고서는 인간의 삶을 이해할 수 없고, 따라서 신앙과 이성, 신학과 철학이 분리되어서는 안 된다는 자신의 주장에 대한 근거를 아우구스티노에게서 찾는다. 더 나아가 보나벤투라는 하느님의 모상으로 창조된 인간이 하느님을 발견하고 체험하는 것이 가능하다는 자신의 주장을 뒷받침하는 심리학적 모형을 아우구스티노에게서 발견한다. 하지만 이러한 주장의 기본적 영감은 신학 작품의 연구가 아니라 아씨시의 빈자의 삶의 체험에 대한 묵상에서 기인한다.

위-디오니시우스

보나벤투라는 아우구스티노라는 서방의 전통뿐만 아니라 동방의 영성, 특별히 위-디오니시우스의 것으로 알려진 작품집에서 발견한 영성도 적절히 활용하고 있다. 저자의 정확한 신원에 대해서는 알려진 바가 없다. 어느 시점에 이르러 이 작품들이 사도들과 접촉한 한 인물, 즉 사도행전 17장 34절에서 언급되는 아레오파고의 디오니시우스가 집필한 것이라 주장함으로써 이 작품들에 실질적인 권위를 주고자 했던 것으로 보인다. 현대 연구 결과에서는 위-디오니시우스가 6세기 초반에 저술 활동을 했던 시리아인이었을 것으로 보고 있다.

위-디오니시우스의 글들은 신-플라톤주의 사상에서 가져온 심상(imagery)을 광범위하게 활용한다. 신-플라톤주의는 일반적으로 3세기 철학자 플로티누스의 사상에서 출발한 사고의 흐름을 가리키는 이름이다. 이것이 신-플라톤주의라 불리는 이유는, 위대한 그리스 철학자 플라톤의 작품에서 큰 영향을 받긴 했지만, 플로티누스가 플라톤의 사상을 상당히 수정했기 때문이다. 이는 특별히 플라톤의 제자였고 후에 위대한 비평가가 된 아리스토텔레스의 사상 일부의 토대가 되었다.

신-플라톤주의는 모든 실재(reality)가 '일자(the One)'라 불리는 원천에서 비롯된다고 설명하였다. 모든 생명은 일자로부터 흘러나왔다. 일자로부터 생명이 흘러나옴을 '유출'의 과정이라 부른다. 이는 생명 안에서 발견되는 사물들을 구분하고 다르게 하는 요소인 다양성을 설명한다. 우리는 다양한 세계를 체험하면서도, 또한 일치에 대한 갈망을 지니고 있다. 예를 들어, 이러한 갈망은 한 남자와 한 여자가 '상대방'이 되는, 서로 다른 두 개인이 하나를 이루는 혼인 안에서 발견되는 사랑의 일치 뒤에 잠재해 있다. 플로티누스에 따르면, 다양성 가운데서도 이러한 일치를 추구하는 갈망은 모든 것이 자신의 근원인 일자에게로 돌아갈 때 충족된다.

위-디오니시우스의 작품들에서는 그리스도교적 틀 안에서 이러한 기본적인 신-플라톤적인 체계가 나타나고 있다. '일자'는 창세기의 창조주 하느님이 된다. 창조 사업은 '유출' 또는 하느님에게서 흘러나옴이다. 창조는 다양한 여러 단계를 보여준다. 위-디오니시우스에 의하면, 다음과 같은 세 가지 단계가 존재한다.

- 완전히 영적인 존재 – 천사
- 영적이면서 물질적인 존재 – 인간
- 완전히 물질적인 실재 – 식물, 바위 등

각 단계는 서로 연관되어 있다. 천사는 인간에게 하느님의 말씀을 전달하는데 봉사한다(그 예로, 성모영보聖母領報 때 가브리엘이 동정 마리아에게 하느님의 말씀을 전달한 것을 들 수 있다). 자연의 물질세계도 하느님에게서 비롯되었기에 인간에게 하느님에 관한 무언가를 가르쳐줄 수 있다. 이렇게 다른 각 단계의 실재는 그들

상호 간의 관계성을 통해 하느님께 다가가고자 하는 모든 이를 이끄는 역할을 한다. 이것이 위-디오니시우스가 말한 '위계(hierarchy)'의 활동이다.

'위계'라는 단어는 다음의 두 그리스어 단어에서 유래한다. 성스러움을 뜻하는 히에로스hieros, 그리고 원천 또는 원리를 뜻하는 아르케arche. 이는 기본적으로 생명이 모든 생명의 근원인 하느님에게 돌아가야 하는, 그 자신의 운명을 성취할 수 있도록 창조 때에 하느님이 확립한 거룩한 원리(sacred principles)를 말하는 것이다. 따라서 창조는 하느님으로부터의 유출이다 (위-디오니시우스에게는 하느님의 근본적인 선하심의 흘러넘침이다). 하느님의 창조는 모든 물物 사이의 위계적 질서, 또는 본질적인 상호 연관성을 보여준다. 이 질서의 목적은 삶의 여정의 참된 완성, 즉 하느님께 돌아가는 것을 가능케 하는 데 있다. 이러한 환원還元은 신학적으로 '신화(divinization)'의 과정으로 설명된다.

하느님과 창조에 대한 위-디오니시우스의 관점은 하느님은 능동인이며 '부동적 동자(Unmoved Mover)'와 유사하다는 입장이다. 하느님은 신적 선 자체의 흘러넘침, 하느님의 무상의 선물로 여겨지는 창조와 밀접히 연관되어 있다. 하느님은 우리가 이 선함 안에서 우리 최고의 능력을 공유하기를, 곧 '하느님을 닮은' 존재가 되기를 원한다. 하느님은 우리가 신적 근원으로 돌아가는 과정을 통하여 신화되기를 바란다.

위-디오니시우스의 작품들이 하느님에게 되돌아감에 관해 설명할 때, 우리는 두 가지 분명히 모순되는 개념을 맞닥뜨리게 된다. 한편으로는, 성 바오로가 서술하듯이, "세상이 창조된 때부터, 하느님의 보이지 않는 본성 곧 그분의 영원한 힘과 신성을 조물을 통하여 알아보고 깨달을 수 있게 되었습니다"(로마 1,20)라는 개념이고, 다른 한편으로는, 요한 복음서에서 찾아볼 수 있듯이, "아무도 하느님을 본 적이 없다"(요한 1,18)라는 개념이다. 하느님은 피조물 안에서 발견될 수 있지만, 동시에 하느님은 철저히 창조된 모든 것 너머에 존재한다. 그러므로, 우리 삶과 세계의 경험들을 통해 하느님에 대한 무언가를 말할 수 있는 것이 사실이라면, 우리가 어떠한 말로도 본질에서 우리의 모든 경험 너머에 존재하는 하느님의 실재를 결코 잡을 수 없는 것도 사실이다.

위-디오니시우스는 하느님을 향한 '두 가지 길'을 이야기함으로써 이 문제를 다룬다. 우리는 성경 안에서 찾아낸 호칭들을, 즉 하느님이 계시하고 따라서 그분 선하심의 분출 일부가 되는 호칭들을 하느님께 부여함으로써 하느님에 대해 무언가를 말할 수 있다. 이러한 호칭 가운데 가장 중요한 것은 하느님은 선이라는 것이나. 하느님에 호칭을 부여하는 것은 하느님에 대한 무언가를 긍정하는 것이다. 예를 들어, "하느님은 선한 분이다"라고 말함으로써 나는 하느님이 악하지 않음을 긍정한다. 자비로운 하느님이라고 말함으로써 나는 하느님이 복수심이 강한 분이 아니라고 긍정한다. 이와 같은 방법으로 하느님에 대해 말하는 것을 '긍정(affirmative or cataphatic)' 신학이라고 부른다. 긍정 신학의 역할은 우리가 하느님께 돌아가는 여정에 있을 때 올바른 길로 이끄는 것이다.

하지만 하느님은 또한 본질적으로 표현을 초월하여 존재하는 일자이기 때문에, 선하다거나 자비롭다는 우리의 관념으로 하느님을 규정하는 것은 불가능하다. 만약 하느님이 그러한 관념으로 규정된다면, 하느님을 이해하는 것이 가능할 것이다. 그러나 그 경우 하느님은 신비로움을 상실하게 된다. 하느님은 하느님일 수 없게 된다. 만약 우리가 이 여정을 계속하고자 한다면, 우리는 한곳에 머물러서는 안 된다. 긍정 신학은 에베레스트산을 오르기 위해 설치된 베이스캠프와 같은 것이다. 베이스캠프는 체력과 영양분을 공급한다. 그렇지만 만약 우리가 계속 그곳에만 머문다면, 결코 정상에 다다를 수 없다. 우리는 야영지의 안락함을 떠나 미지의 세계에 발을 들여놓아야 한다.

이것이 위-디오니시우스가 말하는 길 가운데 두 번째 길이다. 이는 '부정'의 길이라 일컬어진다. 이 길은 하느님에 대한 우리의 긍정이 제공하는 영적인 보호를 뒤로하고 미지 속으로 떠나는 것을 의미한다. 하느님은 선한 분이라고 긍정할 수는 있지만, 하느님은 인간이 경험한 어떠한 선함으로도 규정되어서는 안 된다. 이런 맥락에서 볼 때 하느님은 선이 아니다. 이는 하느님이 선의 반대인 악이라고 말하는 것이 아니라, 하느님은 선에 대한 어떠한 인간 이해와도 동일시될 수 없는 분임을 말하는 것이다. 하느님은 우리가 상상하는 것보다 더 위대한 분이다. 부정의 길은 어둠 속에 발을 들여놓는 것이고, 이는 완전한 믿음의 태도를 불러일으킨다. 이것이 '부정(apophatic)' 신학으로도 불리는 부정의 길이다.

이 책의 5장에서 우리는 보나벤투라가 자신의 영성 신학의 구조 안에서 위-디오니시우스 사상의 요소들을 어떻게 활용하는지 자세히 살펴볼 것이다. 여기에서는 보나벤투라가 위-디오니시우스에게서 자신의 핵심적인 주장을 뒷받침할 수단을 발견했다고만 말해도 충분할 것이다. 보나벤투라는 위-디오니시우스의 개념들을 통해 하느님이 동떨어지고 추상적인 분이 아니라 선의 흘러넘침 그 자체인 세계와 밀접히 관련되어 있고, 하느님은 능동적인 선이라는 그의 믿음을 표현할 수 있었다. 인생의 궁극적인 운명은 하느님에게 돌아가는 것이다. 이 되돌아감은 하느님 창조의 다양성과 신힘을 긍정하면서도 동시에 이를 초월하여 모든 창조된 실재의 기원이자 운명 — 하느님의 생명 — 을 향해 나아가는 두 가지 여정 모두를 통해 완성된다.

성 빅토르 학파

보나벤투라의 신학 양식은 성 빅토르 학파의 작품들에서 많은 영향을 받았다. 성 빅토르 수도원은 센 강의 왼쪽 기슭에 위치한 작은 은둔 공동체에 그 기원을 두고 있다. 12세기 동안 이 수도 공동체는 새로운 수도승원 규칙을 마련하기 위한 노력의 선도자로서의 위치뿐만 아니라 왕성하고 역동적인 지적 활동의 중심지로도 인정받고 있었다. 이 공동체는 파리대학의 새로운 학파들로부터 나타난 신학적 발전들을 받아들였고, 12세기 후반의 두 선구적인 지적 인물인 성 빅토르의 후고(Hugh of St. Victor)와 성 빅토르의 리카르도(Richard of St. Victor)를 배출하였다. 파리대학에서 보나벤투라의 프란치스칸 스승이었던 헤일스의 알렉산더는 성 빅토르 학파의 작품들을 높이 평가하였고, 그의 제자 보나벤투라도 이러한 학문적 공헌을 공유하였다.

성 빅토르 학파의 전통에서 신학은 무엇보다도 상징적 표현(symbolic representations)에 관심을 기울여야 한다고 가르쳤다. 『천상적 위계 주해(In Hierarchiam)』에서 성 빅토르의 후고는 다음과 같이 기술한다.

> **보이지 않는 것을 표현한다는 것은 보이는 것을 이용하지 않고서는 불가능하다. 따라서 모든 신학은 필연적으로 보이지 않는 것을 이해하기 위해서 보이는 상징을 사용해야만 한다.**

여기서 우리가 알게 되는 것은 종교적 상징의 의미이다. 상징(symbol)은 하나의 표지(sign) 그 이상의 것이다. 표지는 우리에게 확실한 직접적인 정보를 제공해줄 수 있다. 예를 들어, 특정한 방향을 가리키는 화살표는 사람들에게 어디로 가야 하는지 알려준다. 그들은 화살표가 지니는 의미에 대해 다른 것을 생각할 수 없다. 반면에 상징은 이를 접한 이들과 마주하고, 생각할 거리를 제공한다. 잠시 하느님의 상징으로 바다를 생각해 보자. 바다가 상징적 의미로 사용될 때 우리는 하느님이나 바다에 대한 기술적인 정보를 제공받지 않는다. 오히려, 바다의 실재는 우리에게 그 광대함, 외견상으로 보이는 끊임없는 움직

임, 깊이, 힘, 고요함 — 끝없이 생겨나는 심상心像들 — 을 만나게 한다. 바다가 우리의 상상력과 우리 자신의 존재의 심연을 사로잡게 하기 위해서는 바다에 대해 생각하고 정관해야 한다. 종교적 상징으로서의 바다는 우리와 마주하고, 그것과 우리의 관계를 통해서 인간 삶의 역사와 상황 안에 펼쳐진 하느님의 신비를 더욱더 깊이 공감하도록 이끌 수 있다.

보나벤투라는 빅토르 학파의 상징적 사고방식이 가진 풍요로움을 매우 잘 알고 있었다. 그는 모든 피조물이 하느님의 선하심을 반영한다는 프란치스코의 관점을 표현하기 위해서 이를 활용했다. 피조물 그 자체가 하느님의 선하심의 분출이기에, 창조된 실재에는 그 선성의 반영이 담겨 있고, 그렇기에 종교적 상징의 역할을 할 수 있다. 보나벤투라가 언급하듯, 세계가 우리의 상상력을 사용할 수 있도록 우리가 기도와 관상의 정신 안에서 창조된 세계에 다가간다면, 우리가 갈망하는 일자에게 우리를 이끌어줄 하느님의 발자취를 알아볼 수 있을 것이다. 보나벤투라는 『하느님께 나아가는 정신의 여정』의 두 번째 장에서 이렇게 적고 있다.

우리는 이 감각 세계의 모든 피조물이 관상적이고 지혜로운 사람의 영혼을 영원한 하느님에게로 이끌

수 있음을 알게 된다(『L』, 2.11).

우리는 보나벤투라 신학의 본질과 양식에 영향을 준 주요 영향들을 살펴보았다. 그렇지만 이러한 선대의 학문적 권위자들을 살펴보는 것으로만 보나벤투라를 이해하는 것은 불가능하다. 보나벤투라는 단순히 그들의 사상에 의존한 것이 아니라, 그것을 틀에 넣고 고쳐 새롭고 고유한 신학 양식을 만들어 냈다. 보나벤투라 사상의 핵심에 놓인 비밀을 찾아내기 위해서는 그가 자신이 쓴 모든 작품에 어떻게 아씨시의 빈자인 프란치스코에 대한 영감을 불어넣었는지를 이해할 필요가 있다. 이는 다음 장에서 다룰 주제이다.

4장

파리의 교수
아씨시의 제자인 보나벤투라

- 하느님께 가는 길
- 창조된 세계
- 인간 역사 – 조화를 위한 모색

⁛

보나벤투라의 신앙 세계는 그가 입회한 작은형제회의 창립자에게서 영향을 깊게 받았다. 위대한 현대 스위스 신학자 폰 발타살von Balthasar은 프란치스코가 보나벤투라에게 끼친 영향을 다음과 같이 묘사한다.

> 우리가 이 사건에 관하여 이야기할 때, 결국 보나벤투라의 학문 세계의 실천적이고 체계적인 핵심을 언급하게 된다. 이것은 전통적인 흐름을 합치는 차원이 아니라 더 높은 차원으로 그의 학문 세계를 높여준다. 보나벤투라는 프란치스코를 그의 중심으로 삼을 뿐만 아니라 자신의 태양이자 사명으로 삼았다. [21]

---

21 H. U. von Balthasar, 『The Glory of the Lord: A Theological

파리에서의 초기 시절 보나벤투라는 대학에서 학생이었다가 후에 교수가 된 프란치스코의 제자들로부터 깊이 감명받았다. 앞서 1장에서 언급했듯이, 헤일스의 알렉산더라는 파리의 위대한 교수의 작은형제회 입회는 프란치스칸 수도자가 되고자 하는 보나벤투라의 결심에 촉매제 역할을 하였다. 의심할 여지 없이 그는 프란치스칸들로부터 프란치스코의 삶과 관련된 여러 일화를 들었을 것이다. 보나벤투라의 탐구심과 시적 정서 안에는 아씨시에서 태어난 이 놀라운 사람의 삶을 사로잡고 자극했던 것이 무엇인지 이해하고자 하는 열정이 자라났음이 틀림없다.

프란치스코회의 총장으로 선출되고 얼마 되지 않아, 보나벤투라는 프란치스코가 오상을 체험한 프란치스칸의 거룩한 산 라 베르나에서 피정에 들어갔다. 이곳에서 보나벤투라는 그의 신학 전체의 원형이 나타나는 『하느님께 나아가는 정신의 여정』을 집필했다. 보나벤투라의 천재성은 그가 프란치스코의 체험을 이해하고 그것을 철학적이고 신학적으로 표현해내는

Aesthetics』, edited by J. Riches, translated by A. Louth, F. McDonagh and B. McNeil, 7 vols., San Francisco: Ignatius, 1982-91, vol. 2 (1984), 262.

과정에서 드러난다.

『하느님께 나아가는 정신의 여정』은 십자가에 못 박히신 그리스도의 상처가 프란치스코의 몸에 새겨졌던 프란치스코의 오상 사건을 중심으로 구성되었다. 보나벤투라는 머리말에서 이렇게 적고 있다.

> 영혼이 하느님께 올라가는 방법에 대해 묵상하며 내가 그곳에 머무르고 있을 때, 바로 그 자리에서 복되신 프란치스코에게 일어났던 기적에 대한 기억이 떠올랐다. 즉, 십자가에 못 박히신 분의 모습을 한 여섯 날개의 세라핌의 환시가 떠올랐던 것이다. 묵상 속에서, 나는 이 환시가 우리 사부의 관상적 환희뿐만 아니라 이 환희에 이르는 길을 나타내고 있음을 명확히 깨달았다(『I』 PROLOGUE 2).

『하느님께 나아가는 정신의 여정』은 기본적으로 하느님과의 일치를 향해 나아가는 이들을 안내하는 것을 목표로 하는 신실하고 사변적인 묵상이다. 보나벤투라가 머리말과 마지막 장에서 다시 강조하고 있듯이, 이 여정의 성공적인 실현을 위한 모범은 프란치스코이다. 이 장에서 우리는 프란치스코가 『하느님께 나아가는 정신의 여정』에서뿐만 아니라 보나벤투라 신학 전체에도 영감을 주는 모범으로서 역할을 하는 방법들을 살펴보고자 한다.

하느님께 가는 길

먼저 『하느님께 나아가는 정신의 여정』의 여섯 단계는 '관상' 또는 묵상으로 언급되고 있다. 이는 보나벤투라가 우리가 하느님께 나아가는 길을 아는 것이, 예를 들어, 하느님이 존재한다는 것을 인간 이성만을 사용하여 입증하고자 하는 복잡한 논쟁을 통해서 가능하다고 제안하는 것처럼 보일 수 있다. 하지만, 1장의 도입부에서 저자는 인간의 노력 그 자체만으로는 하느님께 나아갈 수 없음을 분명히 하고 있다. 만약 누군가가 이 여정의 길을 따라 나아가고자 한다면 반드시 하느님의 도움이 있어야 한다.

우리의 내적 진보가 아무리 적절하게 계획되었다 하더라도, 하느님의 도움이 수반되지 않으면 아무 소용이 없다. 하느님의 도움은 그것을 갈망하는 이

들에게 주어진다. 기도가 이 상승의 어머니요 시작
이다(『I』 1.1).

프란치스코의 인생 여정과 마찬가지로 보나벤투라의 수도 여정도 단순히 우리가 이해할 수 있는 질서정연하고 교과서적인 여정이 아니다. 그것은 하느님이 우리 삶의 실재 속으로 파고들어 오도록 허락하는 것과 우리가 새로운 목적의식을 갖고 전망하도록 우리의 가장 소중한 계획마저 산산이 부서뜨리는 것을 수반한다.

보나벤투라 역시 프란치스코처럼 하느님에게서 시작한다. 보나벤투라의 작품들 안에서 하느님은 언제나 계시의 하느님, 삼위일체 하느님이다. 하지만 삼위일체의 본질에 대한 자신의 고유한 이해를 발전시키는데 보나벤투라가 활용한 원천들에 주목하는 것은 중요하다.

무엇보다도 보나벤투라는 특별한 목적을 염두에 두고 위-디오니시우스의 삼위일체적 사고를 사용한다. 위-디오니시우스의 사상은 활동적인 삼위일체에 대해 말하고 있고, 그 사상은 하느님이 최고선이라는 믿음에서부터 시작된다. 선은 그 정의에서 볼 때 표현되어야만 한다. 만약 그것이 결코 표현되지 못한다면, 그것은 선이라 말할 수 없다. 하느님이 최고선이라고 말하는 것은 하느님이 제한 없이 선을 표현해야만 함을 말한다. 어디에서 이러한 제한 없는 표출을 찾아볼 수 있을까? 창조의 세계에서는 그것을 찾아볼 수 없다. 왜냐하면, 우리가 이미 잘 알고 있듯이 이러한 선의 표현들은 심오할 수 있지만, 필연적으로 제한되어 있기 때문이다. 하느님의 선하심은 제한 없이 표현된다. 삼위일체 하느님은 신적 선성善性을 표현하기 위해 창조할 필요는 없었다. 창조 활동은 표현된 선의 과잉이며, 풍요로운 하느님이 주는 무상의 선물이다.

그러나 프란치스코는 하느님을 선하신 분으로만이 아니라, 아마도 강하게 사랑이신 분으로 체험했을 것이다. 보나벤투라가 자신의 삼위일체 신학에 성 빅토르의 리카르도의 사상을 도입하는데 주의를 기울이는 것은 바로 이러한 이유에서다. 위-디오니시우스와 더불어 리카르도도 하느님이 최고선임을 주장하였다. 그러나 그는 이어서 모든 선 가운데 사랑보다 더 높은 선은 그 무엇도 있을 수 없다고 말하였다. 하느님의 본성이 최고선이므로, 하느님은 또한 사랑의 충만함으로도 존재해야 한다. 결론적으로 리카르도는 사랑은 다른 사람과의 관계를 수반하기에, 삼위일체 안에 다수의 위격이 존재해야 한다고 주장한다. 하느님 안에 하나의 위격 이상이 존재해야 하는데, 그렇지 않으면 사랑의 소통이 가능하지 않기 때문이다. 게다가,

사랑의 충만함은 두 위격 사이에 존재하는 사랑이 세 번째 위격과 공유될 때 발견된다. 그러므로, 사랑의 충만함이신 하느님의 삶은 세 위격, 성부, 성자, 성령 사이의 사랑의 무한한 소통의 삶인 것이다.

보나벤투라는 자신의 삼위일체 신학 안에 리카르도의 사상을 통합함으로써, 위-디오니시우스의 신학과 마찬가지로 하느님에 대해 표현된 선의 측면에서뿐만 아니라 사랑의 소통 측면에서도 말할 수 있게 되었다. 그렇게 해서 보나벤투라는 프란치스코의 체험에 신학적 모습을 띠게 한다. 하느님은 무엇보다도 열망하게 되는 선하신 분이다. 하느님은 사랑의 껴안음을 통해 인간 영혼과 소통하고, 그에게 다가가고, 그를 사로잡는 분이다.

프란치스코는 신비가였다. 그는 자신의 하느님 체험을 이야기할 때 갈망과 사랑의 언어를 사용했다. 보나벤투라의 신학은 사실상 신비 신학과 유사하다. 『하느님께 나아가는 정신의 여정』의 마지막 단계에는 '탈혼 상태에 빠져 우리의 사랑이 하느님께로 온전히 건너감으로써 우리 지성에 휴식을 주는 영적 신비적 황홀에 관하여'라는 제목이 붙여져 있다. 여기서 우리는 보나벤투라 신비주의의 두 가지 중요한 특징, 즉 '지성(intellect)'과 '휴식을 줌(given rest)'이라는 특징을 발견한다. 그리고 그것은 최종적으로 영혼을 하느님께 이끄는 갈망과 사랑이다.

이는 보나벤투라가 사랑에 최우선을 둔 프란치스코에게서 받은 영감과 일치하는 것이다. 이는 그가 지성을 평가절하하거나, 이성적인 숙고의 역할을 무시하는 것을 의미하는 것은 아니다. 무엇보다도 『하느님께 나아가는 정신의 여정』의 여섯 단계는 인간 이성의 종교적 가치를 제시하고 있다. 그러나 여정의 마지막 단계에 한해서는 이성적 숙고 너머로 나아가고, 최종적으로 감성 또는 감정이 중요하다.

> **이 건너감**(passing over)**이 완전해지려면, 모든 지적 활동은 포기되어야 하고 우리 갈망의 절정은 완전히 하느님을 향하여 돌려져야 하며 하느님 안에서 변형되어야 한다**(『I』 7.4).

이 마지막 단계에서 하느님을 체험한다는 것은 우리가 가진 하느님에 대한 개념들을 생각하는 것이 아니라, 감성적인 체험 안에서 하느님을 직접 마주하는 것이다. 프란치스코의 글에서처럼, 보나벤투라도 이 신비적 상태를 향한 움직임을 설명하기 위해 부부애적인 묘사를 사용하고 있다.

영혼이 그 정배를 보고 듣고, 냄새 맡고, 맛보고, 껴안을 때, 영혼은 신부처럼 노래 부를 수 있다. 이것은 이성적 사고가 아니라 감성적 경험 속에서 일어나기 때문에, 그것을 받는 사람 외에는 아무도 알지 못한다(『I』 4.3).

사랑이 하느님께 나아가는 여정에서 원동력이 된다는 확신은 보나벤투라의 작품들 안에서 빛을 발한다. 그는 『세 가지 길』에서 다음과 같이 적고 있다.

사랑을 통해 우리에게 부족한 것은 무엇이나 우리에게 주어진다. 사랑을 통해 온갖 선이 복된 자들에게 풍요롭게 주어진다. 그리고 사랑을 통해 지극히 바라는 임의 현존을 얻게 된다(『T』 1.16).

프란치스코의 오상 신비 체험의 핵심에서 발견되는 것 역시 이와 같은 사랑이다. 오상은 '십자가에 못 박히신 분의 모습을 한 여섯 날개의 세라핌'의 환시와 관련하여 묘사된다. 세라핌은 천사들에 관한 위-디오니시우스의 작품들 안에서 발견된다. 이들은 천사들의 위계에서 가장 높은 등급에 있고, 그들의 역할은 단순히 또 온전히 하느님을 사랑하는 것이다. 그러므로 프란치스코의 오상은 본질적으로 하느님의 넘쳐흐르는 사랑에 대한 그의 체험이다. 또한, 하느님에 대한 그 자신의 사랑에 대한 확증이다. 보나벤투라는 이러한 신적 사랑의 체험 안에서 궁극적인 진리를 발견하게 된다고 주장한다. 그가 『세 가지 길』에서 적고 있듯이, "진리는 애무와 사랑으로 껴안아야 하는 것으로 이는 세라핌과 관련이 있다"(『T』 3.14).

심지어 더욱 전문적인 보나벤투라의 작품 안에서도 프란치스코의 하느님 체험에 대한 그의 고찰 때문에 형성되고 고취되는 신학적 접근을 확인할 수 있다. 파리대학에서 교수로서 그의 재임 기간이 끝나갈 무렵, 보나벤투라는 『삼위일체의 신비에 관한 토론 문제집(Disputed Questions on the Mystery of the Trinity)』이라는 작품을 집필하였다. 이 작품의 첫 번째 논제는 '하느님의 존재가 알려져 있음에 대한 확신에 관하여'라는 주제에 대해 살펴보고 있다.

보나벤투라는 이 주제를 다루면서 인간이 하느님을 아는 것이 가능하다는 것을 증명하는 데 관심을 둔다. 그의 관심은 경험에 의한 것이다. 그의 출발점은 하느님은 최고선으로 존재하고, 세상은 하느님의 창조물이라는 믿음이다. 보나벤투라는 아씨시 프란치스코의 하느님 체험에 관한 자신의 고찰을 통해 우리를 위해 이 종교적인 실재를 분명하게 하고자 한다. 보나벤투라가 추정하듯이, 하느님이 존재한다는 사실은 프란치스코의 체험 안에서 명확히 나타난다. 만약에 그 체험에 하느님이 존재하지 않는다면, 프란치스코의 삶은 아무런 의미도 없었을 것이다. 그러한 삶은 비이성적이고 무의미한 삶이었을 것이다. 그러나 프란치스코는 보나벤투라가 확신하듯이 인간 삶을 위한 의미와 중요성을 가지고 있고, 결과적으로 프란치스코의 영감의 중심에 존재하는 하느님도 마찬가지이다. 보나벤투라가 주장하듯이, 하느님이 존재하기 때문에, 그리고 프란치스코가 그러했듯이, 세계와 그 안에 포함된 모든 하느님의 창조물 때문에, 우리도 하느님의 현존을 발견하고 하느님을 바라고 알고 체험할 수 있다.

첫 번째 논제는 우리가 하느님의 존재를 인식하는 방법에 대해 논의한다. 예를 들어, 보나벤투라는 그가 '두 번째 길(second way)'이라 부르는 것 안에서 경험한 세계의 본질을 고찰하라고 권고한다. 이러한 고찰은 한계 체험과 완전성에 대한 갈망 모두에 대한 인식(awareness)을 형성한다. 그것은 우리가 아주 행복한 순간에 갖는 인식이다. '나는 이것이 영원히 계속되기를 바란다…' 하지만 애석하게도 그것은 영원히 계속되지 않는다. 보나벤투라는 우리 체험의 이러한 제한된 본질을 언급한다. 그는 이어서 우리가 완전함의 상태에 관하여 알 수 있기에 우리는 단지 한계만을 안다고 주장한다. '만약 … 한다면 이것은 정말 완전할 것이다.' 우리는 완전함 그 자체가 아니더라도 최소한 무엇이 완전함을 구성하는지에 대한 이해 능력을 갖추고 있다. 논의가 계속되면 결과적으로 우리는 절대적인 완전함인 하느님을 알 수 있는 능력을 지닌다.

보나벤투라의 '길들(ways)'은 자연 신학에서 시도되지 않는다. 즉, 그 길들은 하느님이 실재 안에 존재한다는 증명 가능한 전제들로부터 논리적으로 증명하는 것을 목표로 하지 않는다. 예를 들어, 보나벤투라는 자신의 논거가 하느님을 믿지 않는 누군가에게 하느님이 실제로 존재함을 증명하려는 것임을 주장하는 것이 아니다. 그는 신앙의 확신에서, 성경이 말하는 하느님을 체험하도록 하는 확신에서 시작한다. 이러한 확신은 아씨시의 프란치스코의 삶과 체험 안에서 제시된다. 그의 삶은 매우 유효한 증거이고, 보나벤투라는 프란치스코가 체험했다고 주장하는 하느님이 실제로 존재하지 않는다면 프란치스코의 삶은 이해될 수 없는 것이라고 주장한다.

보나벤투라 신학의 의도는 우리를 '그래! 비록 내가 믿지 않는 이에게 하느님이 존재하고 우리가 하느님을 체험할 수 있다는 것을 논리적으로 증명할 수 없어도, 나는 하느님의 존재가 프란치스코의 삶 안에서 매우 의미 있었던 것처럼 사유하는 인간 존재로서 내 삶에서도 의미 있다는 것을 알 수 있어'라고 말하도록 이끄는 데에 있다. 보나벤투라의 신학적 접근에서 하느님과 관련된 논제는 프란치스코의 하느님 체험을 통해 형성되고 고취된 인식 없이는 온전히 이해될 수 없다.

창조된 세계

프란치스코가 체험한 하느님과의 관계는 모든 피조물과의 관계에까지 이어졌다. 그는 하느님의 선하심에 사로잡혀 자신을 둘러싼 세계를 경외하였고, 그 안에서 기뻐하였다. 세상 만물이 그에게 끊임없이 하느님의 선하심을 연상시켜 주었기 때문이다. 그의 「태양 형제의 노래」는 이에 대한 충분한 근거를 제공한다. 창조된 세계의 본성에 관한 보나벤투라의 작품들은 다시 한번 프란치스코가 체험한 것을 신학적인 개념들로 표현한다. 보나벤투라는 모든 창조된 실재 안에 내재한 선성과 거룩함을 강조하는 동시에, 우리를 이러한 실재들 너머 모든 피조물의 근원이신 하느님께 이끄는 창조 신학을 제시한다.

무엇보다도, 피조물은 하느님에게서 흘러나오거나 '유출되는' 것이기에 선하고 거룩한 것이다. 보나벤투라는 이전 장에서 논의하였던 위-디오니시우스의 유출 개념을 이용한다. 피조물에 대한 그의 시각은 생동하는 강의 흐름의 은유를 통하여 표현된다. 그는 『육일간의 창조』에 관한 열세 번째 학술강연에서 이렇게 쓰고 있다.

> 코헬렛에는 이렇게 쓰여있다. "강물이 모두 바다로 흘러드는데 바다는 가득 차지 않는다. 강물은 흘러드는 그곳으로 계속 흘러든다. 강물은 바다에서 나와 그곳으로 돌아간다"(『H』 13.4).

강물은 피조물에 대한 효과적인 은유이다. 이는 하느님의 풍요롭고 비옥한 생명력을 상징하는 무한한 바다에서 나오는 생동하는 흐름이다. 그러므로 피조물은 끊임없이 생명을 불어넣는 하느님의 활동에 그 기원을 두고 있다. 강물은 땅을 타고 흐르고, 이와 마찬가지로 피조물의 활동은 역사를 통과하는 여정을 수반한다. 강물이 결국 그 생명의 근원인 바다로 되돌아오는 것처럼, 인류 역사의 여정 또한 그 근원인 깊은 하느님의 생명을 주는 신비와 다시 하나 됨으로써 완성된다.

보나벤투라는 창조된 세계가 거룩한 목적을 가지고 있다고 본다. 창조된 세계는 인류에게 '집'으로 주어졌고 인간 정신 안에 만물의 창조주인 하느님을 향한 '불타오르는 사랑'을 일깨움으로써 인류에 봉사한다. 그러므로 우리가 살아가는 집을 존중하고 아끼는 것처럼, 인류는 창조된 세계를 존중하고 돌봐야만 한다.

> **모든 물질은 인간 존재 안에 만물을 지어내신 분을 향한 불타오르는 사랑과 찬양을 불러일으킴으로써 또 만물을 지배하는 섭리에 의해 인간에 봉사하기 위해 존재한다. 그것들은 인간이 '사람 손으로 짓지 않은 집'에 도착할 때까지 최고의 건축가에 의해 인간을 위한 일종의 집으로 형성되었다**(『B』 2.4).

세계는 우리 안에 사랑, 평화, 경외심, 감사의 고귀한 특성을 일깨워줄 수 있다. 이처럼 세계는 이기적인 목적을 위해서 이용되는 것이 아니라 경건하게 여겨지는 것이다. 이것이 프란치스코가 영적 관계를 맺고 자유를 누리며 살아갔던 세계를 대하는 태도였다. 왜냐하면, 세계가 그에게 끊임없이 하느님의 사랑과 선하심의 언어를 말해주었기 때문이다. 또한, 이리힌 태도는 보나벤투라에게도 나타난다. 이는 인간과 자연환경 사이의 상호 작용을 나타내는 '영적인 관계'에 대한 인식이다.

창조된 세계의 신성한 존엄성에 대한 프란치스코의 인식은 보나벤투라의 '모형론(exemplarism)'이라는 용어 사용에서 더욱더 신학적으로 표현된다. 전형(exemplar)은 원형(original model)이다. 모형론은 유사성(likenesses)이 원형에서 창조되는 과정이다. 전형은 예술 용어로 예를 들면 거장匠의 진품이라고 말할 수 있다. 모형론은 진품의 복제품이 생산되는 과정이라 할 수 있다. 복제품은 진품은 아니지만 진품과 유사성을 지니고 있다. 보나벤투라는 은유적으로 하느님을 성화가로 말한다. '하느님의 원형'은 — 우리는 여기서 은유적으로 말하고 있다 — 삼위일체이다. 삼위일체는 영원한 전형이다. 성화가는 창작 활동 가운데 원작의 '복제품'을 만든다. 이와 마찬가지로 모든 창조된 실재는 삼위일체와의 유사성을 내포하고 있다. 또한, 예술적 비유를 계속하자면, 우리는 한 예술가의 작품을 바라볼 때 그 예술가에 대한 무언가를 알 수 있게 된다. 예술가는 자신의 예술품 안에서 어떤 식으로든 표현된다. 보나벤투라에게 있어 이 세계는 하느님의 예술품이다. 이처럼 예술품은 그 원작자의 삶을 표현하고, 따라서 그 자신 안에 하느님의 삶, 삼위일체의 삶에 대한 묵상을 담고 있다. 그러므로 하느님의 예술품을 바라봄으로써 우리는 하느님에 대한 무언가를 알 수 있게 된다. 보나벤투라가 『신학요강(Breviloquium)』에 쓰고 있듯이, "창조된 세계는 그 창조주인 삼위일체가 나타나고, 표현되고, 읽을 수 있는 책과 같다"(B 2.12).

인간 역사 - 조화를 위한 모색

보나벤투라에게 창조된 실재는 본질적으로 그 구조 안에서 삼위일체적이다. 피조물은 삼위일체처럼 다양하고, 우리는 그 다양성에 대해 잘 알고 있다. 우리는 또한 다양성의 체험이 종종 갈등으로 이어지곤 한다는 것도 알고 있다. 사람들이 자신과는 다른 타인을 마주할 때, 그 타인을 굴복시키거나 그를 동화시키고 동일하게 만들고자 시도할 수 있다. 그러나 삶에 관한 보나벤투라의 삼위일체적 전망은 설득력 있는 제안을 제시한다. 삼위일체 안에는 다양성이, 성부와 성자의 대립이 존재한다. 하지만 이 대립은 서로 갈등하거나 다른 쪽을 같게 만들고자 하지 않는다. 그들은 온전히 대립에 머무르지만, 그런데도 성부와 성자 사이에서 흘러나오는 사랑과 선하심의 숨결인 성령의 중재를 통해서 완전한 조화를 이루며 존재한다.

보나벤투라에게 있어 하느님은 일치의 조화와 삼위일체의 개별성 모두를 동시에 지니고 있다. 삼위일체 안에서 각각의 위격은 온전히 개별적이고 다르게 존재하지만, 신적 사랑의 중재를 통해 조화를 이룬다. 일치는 하느님의 심오한 삶 안에서, 다양성 안에서, 다양성을 통해서 존재한다. 이는 삼위일체의 삶이 사랑의 관계가 발견되는 능동적인 선의 삶이기 때문에 가능한 것이다. 그러므로 위격들은 세계 안에서, 삶의 다양성을 체험함으로써 특징지어지지만, 또한 일치와 조화를 갈망하는 삶을 나타내는 특징이다. 역사를 관통하는 인간의 여정은 화해의 여정이다. 이 여정은 개개인의 고유한 개성을 인식하고 동시에 모든 인간 존재가 평화 창출이라는 임무에 능동적으로 참여하는 여정이 된다. 그리고 또다시 이 여정을 위한 모범은 평화의 사람 프란치스코이다.

나는 모든 이해력을 초월하는 그 평화의 길로 우리의 발을 인도해주시기를 영원하신 아버지께 간구한다. 이 평화는 우리 주 예수 그리스도께서 우리에게 알려주시고 베풀어 주셨으며 우리 사부 프란치스코에 의해 거듭거듭 전해진 것이다. 그는 모든 설교의 시작과 끝에 평화를 선포하였고, 인사할 때마다 평

화를 빌어 주었으며, 관상에 들 때마다 무아경의 평화를 갈망하였다(『I』 PROLOGUE 1).

보나벤투라는 인간 역사의 여정을 원의 형태로 설명한다. 원을 따라 그려보면, 원은 그 출발점으로 돌아간다. 그 여정은 원이 완성될 때, 그 기원으로 돌아감이 달성될 때 완료된다. 보나벤투라는 삼위일체에 관한 그의 작품의 결론에서 다음과 같이 적고 있다.

영원한 삶은 지극히 복되신 삼위일체로부터 유출되고 삼위일체와 유사한 인간이, 이해하기 쉬운 어떤 원처럼 하느님과 일치하는 영광에 의해 지극히 복되신 삼위일체께로 돌아갈 때만 존재한다(『MT』 8 REPLY 7).

그러나 우리는 아직 이루지 못한 삶의 경험에서도 조화와 일치를 알 수 있다. 조화의 원은 아직 완성되지 않았다. 보나벤투라는 인간이 홀로 원을 완성하는 것은 불가능하다고 주장한다. 인간은 미아가 되어버렸다. 조화의 원은 부서졌고, 원을 완성하기 위한 원의 중심은 찾을 수 없게 되었다. 여기서 하느님이 주도권을 지닌다. 하느님은 우리의 중심으로 자리한다. 보나벤투라는 어떻게 하면 원의 중심을 찾을 수 있는지 다음과 같이 질문한다.

> 인간의 재에서 구원을 낳는 하느님의 지혜는 얼마나 경이로운가. 원 안에서 그 중심을 잃어버렸기에, 서로 직각을 이루며 교차하는 두 선에 의하지 않고서는 그것을 찾을 수 없게 되었다(『H』 1.24).

두 선이 서로 직각을 이루는 교차점은 십자가에 못 박히신 그리스도를 의미한다. 이 십자가는 우리를 다시 한번 제자리에 놓게 되는 그리스도 안에 존재한다. 삶이 그리스도를 중심으로 삼을 때, 그것이 그리스도와 닮아갈 때, 하느님께 나아가는 여정은 새로워지고 인간 영혼이 간절히 바라는 조화가 회복된다.

원과 그 중심은 보나벤투라에게 있어 간단하지 않은 신학적 관념이다. 다시 한번, 프란치스코는 그의 영감이 된다. 이는 프란치스코의 수도 여정이 성 다미아노 성당의 십자가 앞에서 홀로 무릎 꿇어 기도함으로써 시작되었음을 의미한다. 프란치스코가 자신의 삶에 동기를 부여한 말을 들었던 장소가 성 다미아노 성당이다. 보나벤투라는 프란치스코의 회개를 다룬 『아씨시의 성 프란치스코 대전기』의 두 번째 장에서 이렇게 적고 있다.

> 어느 날 프란치스코는 묵상하기 위해 들로 향하던 가운데, 오래되어 다 허물어져 가는 성 다미아노 성당 곁을 지나가게 되었다. 성령에 인도되어, 그는 기도하기 위해 안으로 들어섰다. 그는 십자가에 못 박히신 그리스도가 그려진 상 앞에 꿇어 엎드려 기도하였고, 이때 십자가로부터 세 번이나 그를 부르는 소리를 들었다. '프란치스코야, 가서, 네가 보았듯이, 허물어져 가는 나의 집을 고쳐라'(『L』 2.1).

동시에 이는 프란치스코의 수도 여정의 완성을 라 베르나의 정상에서의 오상 체험 — 십자가에 못 박히신 그리스도에게서 쏟아져 나오는 하느님의 강한 사랑에 대한 그의 존재 가장 깊은 곳에서의 체험 — 에서 찾게 됨을 의미한다. 프란치스코의 여정은 그리스도로 시작하여 그리스도로 끝마쳤으며, 이 여정을 위해 프란치스코는 그리스도를 닮고자 더욱더 노력하였다. 이러한 노력은 외형적인 부분뿐만 아니라, 십자가에 못 박히신 분에 대한 사랑으로 충만한 마음에서 우러나오는 모방이었다. 이것이 프란치스코가 완전한 인간인 그리스도가 또한 하느님-인간임을 잊지 않으면서, 예수의 인성을 많이 강조하는 이유였다. 프란치스코에게 있어 그리스도가 살았던 인간의 삶은 하느님 사랑의 최대한의 표현이었다. 사랑에 빠진 이가 사랑하는 이에 대한 열망에 맞는 삶의 방식을 취하려고 애쓰듯, 프란치스코는 가능한 한 문자 그대로 그리스도의 삶을 모방하고자 애썼다. 프란치스코의 삶의 양식은 결코 외적 행위가 아니었다. 오히려 이는 억제할 수 없는 하느님 사랑의 힘으로 북돋워진 그의 마음으로부터 너무나 자연스레 일어난 것이었다. 그러므로 보나벤투라는 인간 운명의 실현에 대한 근본적인 전망 안에서 그리스도 중심성을 이렇게 설명하고 있다.

> **우리의 세상을 예정하시고 지어내신 하느님의 아드님, 지극히 비천하고 가난하며 겸손하신 그분께서는 이 세상의 지면에 나타나셨을 뿐만 아니라, 참으로 그 중심 깊은 곳에도 나타나셨다. 즉, 그분께서는 세상 한가운데에서 구원을 행하셨다**(『H』 1.22).

우리는 예수의 인성에서 계시되는 삶의 양식에서 하느님

께 나아가는 여정을 마무리 짓는 방법을 찾아볼 수 있다. 이러한 도전은, 프란치스코가 그러했듯이, 그리스도를 닮은 이가 되는 것, 그리스도의 참된 모방자가 되는 것이다. 이것은 단순히 그리스도의 행동을 모방하는 것이 아니다. 이는 마음에서 해결되는 문제이다. 이 도전은 우리의 전 존재가 '또 다른 그리스도들'이 되는 것이다. 윤리적인 생활이란 규칙과 규정을 따라 사는 것이 아니라, 하느님과 우리의 이웃을 향한 태도와 의무에 수반되는 모든 급진적인 결과와 더불어 그리스도가 살았던 것처럼 사는 것이다. 보나벤투라는 이러한 급진적인 삶의 방식이 가능하다고 주장한다. 이러한 삶은 단순히 가능한 것일 뿐만 아니라, 참되고 영원한 기쁨의 원천이 되고, 인간 정신의 모든 갈망을 성취하는 행복에 이르는 길이 된다. 그리고 이는 그러한 삶의 방식이 아씨시의 빈자의 삶 안에서 체험되고 증언되었기 때문에 가능하다.

> **이것은 그 산의 정상에서 복되신 프란치스코에게도 계시되었다. 그때 그에게 십자가에 매달린 여섯 날개의 세라핌의 환시가 나타났다. 그곳에서 그는 탈혼에 빠져 하느님께로 건너갔다. 하느님께서 그를 통해서, 참으로 영적인 모든 사람을 말에 의해서가**

아니라 오히려 모범에 의해서, 그러한 건너감과 그러한 영혼의 황홀경으로 초대하시기 위해, 그를 완전한 관상의 모범으로 삼으셨다(『I』 7.3).

하느님께 나아가는 여정

- 창조된 인식
- 독해를 위한 학습
- 하느님을 알게 됨

❖

여러 면으로 보아 프란치스코가 하느님을 체험하였다는 것은 사실이라는 것을 느낄 수 있다. 그렇다면, 비록 우리는 프란치스코의 시대로부터 멀리 떨어져 있지만, 매우 강력한 방법 안에서, 프란치스코와 같은 방법으로 하느님을 체험하는 것이 어떻게 가능할까? 우리가 살아가는 이 세계는 13세기 아씨시와는 매우 다르다. 게다가 프란치스코는 역사상 위대한 인물 가운데 하나로서 예외적인 인물이고, 그의 체험은 유일하게 그만의 것이었음이 분명하다. 우리는 분명히 그러한 프란치스코의 체험에 대한 소유권을 주장할 대담함을 지니고 있지 않다.

보나벤투라는 프란치스코의 체험이 참으로 특별함을, 더 정확히 말하면 유일무이함을 알아보았다. 그럼에도 보나벤투라는 우리가 모두 하느님께 나아가기 위해 프란치스코에게서 배울 수 있다고 믿었다. 보나벤투라는 성인의 삶을 묵상히기 위해 온 마음과 정신을 기울였고, 그의 묵상을 통해 프란치스코뿐만 아니라 모든 믿는 이들 또한 — 각 개인의 여정의 조건들이 다르다 할지라도 — 프란치스코가 하느님께 나아가기 위해 걸었던 그 여정과 같은 여정을 걸을 수 있다는 것을 가르치는 작품들을 집필하였다. 독자들이 원하기만 한다면 보나벤투라는 프란치스코가 지났던 여러 단계를 나타내는 길과 이정표를 그려준다. 열린 마음으로 이 여정을 시작하고 나아갈 방향에 주의를 기울이는 이는 프란치스코와 같은 여정의 끝에 다다르게 될 것이다. 보나벤투라가 그린 경로가 현대인들도 하느님께 나아갈 수 있도록 돕는다는 점은 보나벤투라의 길이 남을 천재성 가운데 일부이다.

이 지도는 어디서 찾을 수 있고 어떤 정보를 제공하는가? 이번 장에서는 하느님께 나아가는 여정에서 보나벤투라가 제시한 길에 담긴 영적 보물을 밝혀낼 열쇠를 찾아보고자 한다. 이를 위해 그의 여러 작품, 특별히『그리스도의 인식에 관한 토론 문제집(Disputatae Quaestiones de Scientia Christi)』에서 드러나는 그의 통찰을 살펴볼 것이다.

『그리스도의 인식에 관한 토론 문제집』은 보나벤투라의 작품 중에서 더욱더 전문적인 것 가운데 하나이다. 여기에는 그리스도의 인식과 관련된 일곱 가지 '토론 문제들'이 담겨 있다. '토론 문제들'이라는 교수법은 중세 대학들에서 널리 사용되었다. 기본적으로 이는 학습 과정에서 두 상반된 관점 간의 토론을 사용하는 협력교수법協力敎授法의 한 형태였다. 토의 중인 특정 문제는 토론을 마무리 지을 때 해결하였다. 이 경우, 이 작품의 제목은 논의하는 문제가 그리스도의 인식에 관한 것임을 보여준다. 보나벤투라는 그리스도가 신성과 인성 모두 충만하게 지니고 있다는 교회의 믿음을 자신의 출발점으로 삼고 있다. 뒤이어 제기되는 문제들 가운데 하나는 다음과 같다. 그리스도는 어떻게 자신의 충만한 인성 안에서, 모든 인간 이해 너머에 존재하는 하느님을 알 수 있었는가? 보나벤투라는 이 문제에 대한 자신의 대답을 제시한다. 그리고 그의 대답은 일반 사람들이 어떻게 하느님을 알게 되는지에 관한 문제에 대해 흥미로운 이해를 제공한다. 『그리스도의 인식에 관한 토론 문제집』에서는 처음부터 하느님을 '알게' 된다는 측면에서 하느님께 나아가는 여정을 증명하고 있음과 그 결과 '인식'이 주요 개념이 된다는 것에 유의해야 한다.

창조된 인식

여정의 첫 단계는 어떤 이가 '창조된 인식'이라 불리는 것을 얻을 때 도달한다. 창조된 인식이란 우리를 둘러싼 세계를 이성적으로 고찰할 때 얻어지는 인식이다. 보나벤투라는 우리 세계의 본질에 관한 무언가를 알 수 있다는 가능성에 대해 회의적이지 않다. 그는 인간 인식이 어떻게 해서든 우리를 있는 그대로의 세계(the world as it really is)에 접근하도록 함을 인정한다.

그렇다면 '있는 그대로의 세계'에 대한 보나벤투라의 사상은 무엇인가? 그의 견해는 모든 창조된 실재는 하느님에게서 유래하고 하느님의 본질적인 선성을 반영한다는 그의 종교적 신념에서 비롯된다. 결과적으로, 우리가 정말 무엇인가를 이해한다면, 우리는 그것이 어디에서 비롯하였는지에 대해, 다시 말해, 하느님과의 관계에 대해 틀림없이 알게 된다. 보나벤투라가 적용한 원리는 ― 그 기원의 관점에서 실재를 이해한다는 ― 익숙한 것이다. 예를 들어, 어떤 이가 의사에게 옆구리에 통증이 있다고 말하면 의사는 그 원인을 찾고자 노력한다. 원인이 밝혀졌을 때, 의사는 통증의 참된 본질을 이해하고 그것을 치료할 수 있다. 보나벤투라의 입장도 이와 유사하다. 창조된 실재들의 기원을 알게 되면, 그때 비로소 우리는 실재들을 올바르게 이해하기 시작할 수 있다.

　이러한 종교적 신념을 표현하기 위해서 보나벤투라는 앞 장에서 이미 살펴본 바 있는 모형론(exemplarism)이라는 신학적 개념을 이용한다. 특별히 이 경우에 그는 '영원한 근거(eternal reason)', 또는 '신적 관념들(divine ideas)'이라는 측면에서 '원형(original model)'에 대해 말한다.

　이 개념들은 의심할 여지 없이 매우 낯선 것이기에 그 개념들을 풀어서 설명할 필요가 있다. 다시 한번 예술가 하느님의 비유를 이용하면, 예술가가 그 또는 그녀가 창조하고자 하는 것의 선험적 관념(prior idea)을 지니는 것과 마찬가지로, 하느님도 창조된 세계 안에 존재하는 모든 것의 선험적인 '관념들'(prior 'ideas')을 지닌다. 예술가가 작품에 담긴 의도를 드러내 보일 때, 다른 이들이 그 작품을 더욱 충실히 감상하는 것이 가능해진다. 보나벤투라도 같은 맥락에서 주장한다. 만약 우리가 하느님의 작품인 창조된 실재들을 더욱더 충실하게 감상하고자 한다면, 그 창조된 실재들을 하느님 마음 안의 관념들인 그들 기원의 빛 안에서 이해하고자 노력해야만 한다. 우리가 하느님에게 문자 그대로 적용할 수 없는 비유적 언어로써 이에 참여한다는 점을 기억하는 것이 중요하다. 그러나 우리를 둘러싼 세계의 실재를 읽기 위해서 보나벤투라가 상소한 것은 모든 것이 하느님에게서 비롯된 것이므로 초월적이고 신성한 차원을 지니고 있음을 인식하는 것이 필요하다는 것이다.

'신적 관념들'에 대해 말할 때, 보나벤투라는 모든 인식이 단순히 하느님에 의해 인간 정신 안에 심어져 있다고 시사하는 것을 원하지 않는다. 이는 인간의 책임을 없애고, 인간의 자유 개념을 극단적으로 제한할 것이다. 보나벤투라는 하느님을 우리가 반드시 알아야 하는 것이 무엇인지 결정하고 지시하는 분으로 보지 않는다. 보나벤투라는 질문 4(Question IV)의 결론에서 하느님을 '조정하고 동기를 부여하는' 분으로 말한다. 하느님은 성화가로서 무엇보다 먼저 창조 안에 특정한 양식 배치를 조정 또는 사용하는 분이다. 그리고 예술가가 다른 이들이 그 또는 그녀의 작품의 특성을 알아보길 바라며 그렇게 하도록 다른 이들을 부르고 격려하는 것과 마찬가지로, 하느님도 세계를 이해하고 인식하도록 우리에게 요청하고 동기를 부여하는 분이다. 보나벤투라는 성화가인 하느님 현존에 대한 인식이 커질수록 그 과정에서 우리를 둘러싼 세계와 인간 삶의 목적과 의미를 더욱 충만히 이해할 수 있는 영감을 얻게 될 것이라고 가르치고 있다.

조정하고 동기를 부여하는 하느님의 모상은 인식을 추구하는 우리와 합심하여 일하는 하느님의 한 부분이다. 보나벤투라는 질문 4의 결론에서 다음과 같이 주장한다. "인식의 원리는 고유의 창조된 이성을 포함하는 영원한 이성 안에서 발견된다." 또다시 이러한 추상적이고 어려운 개념들이 등장한다. 여기서 보나벤투라가 제시하고자 하는 것은 무엇인가?

'영원한 이성'이란 이미 살펴본 바와 같이 하느님이 창조의 전 영역에서 지니고 있는 인식을 나타낸다. 창조주로서, 또한 성화가로서 하느님은 창조된 실재 각각에 대한 매우 깊은 인식과 이해를 지닌다. 인간 역시 주위를 둘러싼 세계를 인식한다. 사물들에 대한 우리의 경험을 통해, 또한 우리의 감각과 사고력을 통해 얻은 인식을 보나벤투라는 '창조된 인식'이라고 부른다. 보나벤투라는 철학자로서 후자의 측면에서 인간 인식은 우리가 어떠한 경험에 대해 사유하거나 숙고할 때 감각 경험을 통해 얻어진다는 아리스토텔레스의 사상을 활용한다.

하지만, 보나벤투라는 우리 인간 인식에는 감각 경험을 통해 인식하는 것보다 훨씬 더 많은 것이 있음을 주장한다. 감각을 통한 경험은 가치 있는 것이다. 그러나 그 가치는 그 자체로 중요한 것으로 여겨질 때는 발견되지 않는다. 감각 경험의 참된 가치는 그것이 우리 감각이 제공할 수 있는 제한된 전망보다 더 많이 고취되고 고양된 우리의 경험 세계에 대한 전망과 인식을 얻기 위한 수단이 된다는 사실에 있다. 감각을 통해 경험된 것은 완전히 인식되지만, 그 자체로 중요한 것은 아니다. 이 경험은 우리가 지금까지 상상할 수 있던 것보다 더 큰 삶의 전망으로 우리를 안내하기 위한 것이다.

잠시 포도주에 대한 인식을 생각해보자. 포도주를 맛본 적은 없지만, 포도주에 대해 인식하고자 하는 사람은 최근 생산된 포도주들부터 시음하고 평가하는 과정을 시작할 것이다. 이러한 방법을 통해 얻은 포도주에 대한 경험은 참되고 인식되는 것이다. 그러나 그 자체가 중요한 것은 아니다. 이 초기 경험은 잘만 하면 최고 일류 포도주를 알아보는 포도주 전문가가 되도록 안내할 것이다. 이는 포도주를 처음 맛보면서 상상할 수 없던 기쁨을 체험하게 됨으로써 포도주에 대한 이러한 후자의 인식을 얻게 되는 순간을 말한다. 그렇기에 여기서 인식에 대한 보나벤투라의 관점이 드러난다. 보나벤투라는 우리를 둘러싸고 있는 세계에 대한 첫맛을 인식할 때, 단순히 거기에 만족하여 머물러서는 안 된다고 주장한다. 빼앗을 수 없는 기쁨의 원천이 될 삶의 전망, 우리가 음미한 것에 대한 점점 더해가는 인식을 얻는 것이 가능하다. 이것이 프란치스코의 마음을 가득 채웠던 기쁨이다.

독해를 위한 학습

그렇다면, 우리는 이러한 경험 세계에 대한 인식을 어떻게 얻게 되는가? 보나벤투라는 '창조된 인식' — 세계에 대한 경험을 통해 얻어지는 인식 — 이 우리를 하느님에게 더 가까이 다가가도록 이끄는 데 도움이 될 때만 그 궁극적인 의미를 찾게 된다고 주장한다. 보나벤투라의 지도에서 모든 창조된 실재는 우리에게 길을 안내하는 이정표이다. 창조된 인식은 이정표들을 정확히 읽어내기 위한 학습 수단이 된다.

보나벤투라는 자주 이 '독해를 위한 학습'의 비유를 사용한다. 보나벤투라는 다른 글에서 세계를 한 권의 '책'이라고 말한다. 세계라는 책을 읽게 되면, 이 책은 독자를 하느님에게 이끌어 줄 것이다. 유감스럽게도 보나벤투라는 인간의 자만심과 이기심이 이 세상에 어둠을 초래하여 그 책을 읽지 못하게 되었다고 설명한다. 하느님의 계시에 반사적으로, 그리고 주의 깊은 귀 기울임을 통하여, 하느님이 우리를 비추시도록 허락할 때만 그 빛에 의해 다시 창조의 책을 읽을 수 있다.

인간이 타락하였을 때, 세계라는 이 책은 생명력을

잃고 지워진 상태가 되었다. 이 책을 밝혀줄 또 다른 책이 존재할 필요가 있게 되었다. 이러한 책은 세계라는 책에 기록된 것들의 상징성을 알려주는 성경이다(『H』 13.12-13).

창조는 하느님의 계시에서 중요한 부분을 차지한다. 창조는 하느님의 신비 가운데 무언가를 드러내고, 따라서 하느님에 대한 상징이다. 보나벤투라는 주의 깊은 성경 읽기는 세계에 대한 우리의 경험을 밝혀줄 것이라고 설명한다. 주의 깊은 성경 독서는 우리의 감각 경험 또한 초월적인 요소를 지니고 있고, 그 감각 경험은 우리에게 영적인 실재들에 관해 이야기해 줄 수 있다는 점을 드러낼 것이다. 최소한 우리가 그것을 바랄 때 그러하다. 보나벤투라가 사용하는 복음의 한 구절, "뱀처럼 슬기롭게 되어라"(마태 10,16)를 살펴보자. 보통 무서운 뱀조차 영적인 실재의 상징으로 쓰일 수 있다. 본질적인 것, 곧, 자신의 머리를 지키기 위하여 자기 몸의 다른 부분을 희생시키는 뱀의 의지에 대해 생각해보라. 같은 방법으로 우리는 인간적인 삶을 위한 마음의 영역, 사랑의 삶이라는 본질적인 것을 보호하기 위해서 우리 삶 안에서 비본질적인 것들을 기꺼이 내놓도록 요구 받는다.

보나벤투라는 우리가 하느님에게 더 가까이 다가가기 위해서는 상징적인 사고방식이 중요하다고 강조한다. 우리의 세계는 보이는 것 그 이상이다. 세계를 관상하고 그 상징적 의미에 대해 깊이 숙고할 때, 우리는 마음의 가르침을 받게 되고 삶이 물질적인 요소 이상을 지니고 있음을 깨닫게 될 것이다. '창조된 인식'이라는 보나벤투라의 개념은 본성상 상징적이다. 모든 피조물은 하느님에게서 비롯되었고 하느님 사랑의 현존의 항구한 상징으로써 우리와 마주한다. 이것이 성 프란치스코가 찾아낸 것이었다. 보나벤투라는 프란치스코의 영감에 의지하여 믿는 이들에게 사물의 표면 너머를 바라보고 생각하도록, 세계를 하느님의 창조적인 선의 반영으로 인식하도록 요청한다. 프란치스코와 마찬가지로 보나벤투라에게도 우리가 살아가는 세계는 신앙의 관상적인 눈으로 경이로이 바라볼 때, 하느님을 향한 길을 따라 우리를 이끌어 주는 세계가 된다.

하느님을 알게 됨

창조된 인식은 하느님을 향한 여정에서 사람들에게 올바

른 방향을 알려줄 수 있다. 그러나 이 여정은 계속되어야 하고, 신비의 핵심을 향해 더욱더 깊이 나아가야 할 필요가 있다. 『그리스도의 인식에 관한 토론 문제집』에 담긴 사상을 계속해서 탐구하다 보면, 안내도의 부가적인 요소를 발견할 수 있는데, 그것은 보나벤투라가 더욱더 구체적으로 다루고 있는 질문 5에서 7(Question V to VII)까지에 담겨 있다. 어떻게 유한한 인간 존재가 무한한 하느님을 인식할 수 있는가?

주목해야 할 첫 번째 요점은 조금 전문적인 것처럼 보일 수도 있지만 중요하다. 라틴어 원문을 보면, 보나벤투라가 질문1에서 4(Question I to IV)까지에서 인식에 대해 말할 때, 라틴어 scientia를 사용한다. scientia는 학문 탐구를 통해 얻게 되는 지적 인식과 관련이 있다. 그렇지만 질문 5에서 7(Question V to VII)까지에서 인식에 대해 말할 때는 sapientia라는 용어를 사용하고 있다. 보나벤투라는 일찍이 이 단어를 신학의 성취로써 정의했는데, 이는 sapientia라는 단어가 지성과 사랑 모두에게서 파생된 인식이기 때문이다. 우리가 하느님을 인식하게 되는 방법에 대한 보나벤투라의 이해에 있어 사랑이 필수적이라는 점을 아는 것이 중요하다. scientia는 창조된 인식에 대해 말할 때 사용된 용어이다. 토론 주제가 하느님에 대한 우리 인식의 본성에 대한 구체적인 논의로 옮겨지면서, 보나벤투라는 지혜로

번역될 수 있는 sapientia라는 용어를 사용한다. 지혜는 단순히 지적 훈련을 통해서뿐만 아니라 인간 갈망의 개입, 특히 사랑에 대한 갈망을 통해 얻어지는 인식의 형태이다.

우리는 질문 5(Question V)에서 보나벤투라의 또 다른 복잡해 보이는 창조된 지혜(created wisdom)와 창조되지 않은 지혜(uncreated wisdom)의 차이점을 발견하게 된다. 창조된 세계의 실재들이 하느님을 찾는 이들을 그들의 궁극적인 목적에 가까이 가도록 이끄는 상징으로써 작용할 수 있다는 점은 이미 언급하였다. 보나벤투라가 말하듯이, 이러한 작용은 세계가 신실한 관상의 정신 안에서 발견될 때만 일어난다. 관상적인 마음은 세계가 지닌 이러한 상징적 본성을 인식하는 능력, 내면을 바라보고 하느님 사랑의 반영을 마음 깊이 인식하는 능력 안에서 자라난다. 이것이 바로 보나벤투라에게 창조된 지혜의 습득이다.

일단 이러한 상태에 다다르게 되면, 인간은 사랑하는 이에게서 받은 선물의 깊은 의미를 깨달음으로써 새로워진 연인처럼 새롭게 형성된다. 그 순간은 선물에 대한 인식을 넘어 사랑하는 이의 존재 자체에 대한 인식으로 옮겨가는 때이다. 보나벤투라는 인간 영혼이 창조된 지혜를 얻는 그 순간에 하느님의 현존 그 자체라는 선물을 받아들이는 능력이 생겨난다고 설명한다. 이때 하느님의 현존은 곧 창조되지 않은 지혜이다. 이 세계의 실재들을 하느님 사랑의 상징들로 인식하게 될 때, 우리는 하느님의 생명 안으로 점점 더 깊이 나아갈 수 있게 자극되고 안내된다. 하느님께 나아가는 프란치스칸 여정은 이 세상에서 벗어난 것이 아니다. 오히려 하느님이라는 원천으로 옮겨가기 위해서 참을성 있는 갈망으로 깨어 세상에 대한 경건한 관상 안에 잠기는 것이다.

그렇기에 보나벤투라에게 하느님을 인식한다는 것은 하느님을 향해 나아감을 의미한다. 프란치스코가 그러했듯이, 하느님을 갈망하는 이는 하느님에게 사로잡힐 것이고, 바로 그러한 관점에서 하느님을 인식한다. 보나벤투라는 이것이 하느님에 대한 우리 인식의 본질이라고 강조한다. 또한, 이는 유한한 인간이 무한한 하느님을 인식한다고 말할 수 있는 유일한 방법이다.

『그리스도의 인식에 관한 토론 문제집』의 질문 6에서 보나벤투라는 유한한 인간 지성으로 하느님을 안다는(comprehend) 것, 다시 말해서 하느님을 완벽하게, 그리고 완전히 이해한다는 것은 절대 가능하지 않다고 말한다. 인간 지성은 한계를 지닌다. 하느님은 어떠한 한계도 없이 무한하고, 유한한 것은 무한한 것을 결코 완전히 이해할 수 없다. 결과적으로, 보나벤투라는 우리가 하느님을 인식한다는 것이 하느님을 이해한다는 측면에서 진술될 수 없다고 주장한다. 우리는 하느님을 이해하려는 시도가 아니라 하느님을 갈망함으로써 하느님을 인식할 수 있게 된다. 우리는 우리가 선한 것으로 여기는 것을 갈망한다. 그리고 하느님은 최고선이기에, 다른 무엇보다도 하느님을 갈망하는 것은 바람직하다. 질문 6에서 보나벤투라는 다음과 같이 주장한다.

> **영혼은 그가 파악하고 이해한 어떠한 선으로도 충족되지 않는다. 그런 선은 최고선이 아니기 때문이다. 영혼은 오직 위대함과 탁월함으로 그를 사로잡는 이러한 유형의 선에 의해서만 충족된다.**

『그리스도의 인식에 관한 토론 문제집』의 질문 7은 우리에게 인간 인식의 본질에 대한 새로운 관점을 제시한다. 일반적으로 인식(knowledge)은 이해(comprehension)와 동일시된다. 그러나 보나벤투라는 하느님에 대해 우리가 지닌 인식의 유형은 포괄적 의미의 인식이 아니라고 설명한다. 그것은 탈혼적(ecstatic)

인식이다. 보나벤투라는 이 용어를 사용하며 위-디오니시우스의 신비 신학을 이용하지만, 성 프란치스코의 체험에 바탕을 둔 개념을 제공한다.

그러면 정확히 탈혼적 인식이란 무엇인가? 우리의 환경(circumstances)의 의미에 대한 새로운 인식을 받아들일 수 있도록, 삶을 바라보는 우리의 습관적인 방법을 버리고 열린 사고와 열린 마음을 지닐 때만 탈혼적 인식을 얻는 것이 가능하다. 이는 우리가 스스로 만들어낸 새로운 인식이 아니다. 이는 저 너머에서 우리에게 주어진 이해의 새로운 방식이며, 우리에게 일어난 무언가이다. 탈혼을 통해 얻어지는 인식 안에서 우리는 우리 갈망의 객체로서 자신에게서 완전히 분리된 존재를 통해 이해한다. 우리 정신은 그 아름다움을 열망하고 가능한 최대한의 방법으로 그것을 체험하고자 갈망한다.

이것이 보나벤투라가 말하는 하느님에 대한 우리 인식의 형태이다. 우리는 무엇보다도 우리 주위 세계와 우리 자신에 대한 일상적인 이해를 기꺼이 버림으로써 그것을 받아들일 준비를 한다. 삶이란 그들이 생각하는 바로 그것이라고 확신하는 이들에게는 삶에 대한 어떠한 새로운 인식도 불가능하다. 하지만 지성과 마음을 닫지 않고 열어두면, 이를 잘 이해할 수 있다고 보나벤투라는 주장한다. 관상의 태도인 이러한 개방된 정신 안에서, 세계는 본질적으로 창조주의 아름다움의 복사輻射로서 자기 자신을 드러낼 수 있다. 관상적 영혼은 피조물 안에 반영된 하느님의 아름다움에 대한 통찰을 넘어 신적 아름다움과 지혜 그 자체의 현존에 대한 이해로 나아간다. 이 단계에 이르면 연인은 사랑하는 이의 현존에 도취하여 빠져들게 된다. "영혼은 황홀경 안에서 이러한 지혜로 이끌린다"(『SC』 6 RESPONSE).

『그리스도의 인식에 관한 토론 문제집』의 맺음말에서 보나벤투라는 '인식의 가장 높고 궁극적인 형태'로서 탈혼적 인식을 설명한다. 하느님을 아는 것은 지적 작용이 아니라 하느님에 대한 체험을 통해서 가능하다. 프란치스코에 충실히 머물면서, 보나벤투라는 체험되는 것은 하느님 사랑의 무한한 깊이라고 강조한다. 이를 체험한다는 것은 이성을 통해 도달할 수 있는 어떠한 인식보다 더욱 확실한 인식을 지니는 것이다. 인식의 최상의 형태는 사랑의 관계의 개인적인 확실성 안에서 발견된다. 탈혼적 인식은 하느님 체험 안에서 그 완성에 다다른다. 이 체험은 보나벤투라가 경험적 지혜(experiential wisdom)라 일컫는 체험이며 사랑에 기반을 둔 것이다. 여기서 요청되는 것은 언어가 아니라 참된 연인의 기대에 찬 침묵, 사랑의 개념에 대한 이해가 아니라 하느님 사랑 그 자체에 대한 탈혼적 승인을 갈망하는 침묵이다. 보나벤투라는 맺음말을 다음과 같이 마무리 짓고 있다.

> 이러한 유형의 인식은 큰 어려움이 있긴 하지만 이해될 수 있고, 이를 경험한 사람 외에는 전혀 이해할 수 없다. "사랑에 뿌리를 내리고 그것을 기초로 삼아 모든 성도와 함께 너비와 길이와 높이와 깊이가 어떠한지 깨닫는 능력을 지니고 … 하느님의 온 갖 충만하심으로 충만하게 되는"(에페 3,17-19) 사람이 아니고서는 그 누구도 이를 경험할 수 없다. 그리고 내적인 침묵을 체험하게 된다면 외적인 언어보다 더 많은 도움이 될 것이다. 그러므로, 말하기를 멈추고, 우리가 이미 말했던 그 경험을 우리에게 허락해 주시도록 하느님께 기도합시다.

『그리스도의 인식에 관한 토론 문제집』의 질문 5부터 7까지에서 보나벤투라는 인간이 어떻게 하느님을 인식하는 것이 가능한지 설명한다. 우선, 하느님에 대한 우리의 인식은 단순히 지적 인식이 아니다. 그것은 지혜(sapientia), 곧 우리의 지성과 사랑에 대한 갈망 모두를 포함하는 인식이다. 하느님을 인식하는 첫 번째 단계는 창조된 지혜의 획득이다. 창조된 지혜는 우리가 관상의 정신 안에서 우리 세계에 접근할 수 있을 때 얻게 된다. 우리가 직면하는 이러한 실재들 안에 내재하는 더욱 깊은 의미를 찾고자 함으로써, 우리는 창조적 선의 반영들을 이해하기 시작한다. 먼저 정신이 하느님을 최고선으로 인식한 다음, 우리 마음이 그 하느님을 최고선으로서 다른 무엇보다도 갈망할 때, 두 번째 단계로 이동한다. 우리가 완전히 이해할 수는 없지만, 우리 존재 깊은 곳에서 갈망하는 일자에 대한 탈혼적 인식을 통해서 이제 우리 자신을 넘어 나아갈 수 있다. 우리는 인식의 가장 높고 궁극적인 형태인 탈혼적 인식에서 경험적 지혜를 얻는다. 하느님은 우리에게 헤아날 수 없는 신적 사랑의 체험, 어떤 말로도 표현하기 어려운 체험을 준다.

하느님 인식에 관한 문제에 대한 보나벤투라의 접근에 있어 갈망과 사랑이 중심이 된다. 보나벤투라는 우리가 하느님을 인식할 수 있다고 주장한다. 그러나 이 말은 우리가 하느님을 이해할 수 있다고 하는 것은 아니다. 유한한 인간에게 이는 불가능하다. 그렇지만, 우리가 하느님을 완진히 이해한다고 말할 수는 없지만, 사랑을 통해서 아는 것은 가능하다.

사랑을 통해 우리에게 부족한 것은 무엇이나 우리에게 주신다. 사랑을 통해, 복된 이들에게 온갖 선이

풍요롭게 주어진다. 그리고 사랑을 통해 지극히 바라는 임의 현존을 얻게 된다(『T』 1.16).

인식은 참으로 사랑의 열매이며 모든 지식에 대한 강한 확신이다.

보나벤투라가 구상한 여정은 하느님 사랑이 지니는 매력과 신비의 핵심을 향한 여정이다. 이는 프란치스코가 사랑하는 이를 향한 강렬한 열망으로 나아갔던, 두려움에서 벗어나 자유롭게, 그리고 내면 깊은 곳에서 우러나오는 기쁨으로 여행했던 여정이었다. 이는 오늘날에도 그 핵심을 추구하는 이들에게 여전히 매력을 발휘하는 여정이다. 다음 장에서는 하느님을 향한 보나벤투라의 여정이 지금 시대를 살아가며 영적으로 굶주린 이에게 제공할 수 있는 풍부한 영양분에 대해 알아보고자 한다.

보나벤투라
오늘날을 위한 영적 안내자

- 합일(영성적 혼인)의 영성
- 윤리적인 삶
- 인식 탐구
- 하느님의 아름다움
- 교회 안의 권위

❖

　우리가 삼천년기에 다다르기는 했지만, 영적 체험에 대한 관심은 사그라들 조짐이 보이지 않는다. 오늘날 세상은 영적 깨달음을 위한 다양한 방법을 주장하는 개인이나 단체들로 넘쳐난다. 불행히도, 때때로 사람들에게 거짓 우상들을 본받아 따르도록 권하는 방법들도 있다. 영적 자극이 잘못 주어졌을 때 생겨나는 처참한 결과들이 어떠한지 알고자 한다면 우리는 존스타운Jonestown이나 웨이코Waco에서 일어난 비극[22]을 살펴보

22　1978년 11월 18일 남미 가이아나 존스타운에서 '인민사원(Peoples Temple)' 교회의 신도들 914명이 집단 자살한 사건과 1993년 2월 28일부터 4월 19일까지 미국 텍사스주 웨이코에서 있었던 연방정부와 종교단체인 '다윗교(Branch Davidians)' 사이에 발생한 50일간의 무장 대치 끝에 총 91명이 사망하고 16명이 부상, 11명이 체포된 사건을 말한다. '인민사원' 집단 자살 사건은 사이비 종교의 반사회성을 보여주는 대표적인 시례로 언급되며, 웨이코 참사 또는 대학살이라고도 불리는 연방정부와

기만 하면 된다.

  보나벤투라는 영적으로 길 잃은 이에게 방향을 제시하고, 영적으로 굶주린 이에게 음식을 제공한다. 이는 그것을 취하는 이들의 생명을 유지하고 성장시켜 줄 실질적인 음식이다. 보나벤투라의 영성은 실제 세계에 기반을 두고 있다. 이는 사유하고, 상상하며, 사랑할 수 있는 우리의 능력을 적절히 고려한 것이다. 이 여정은 우리를 고립과 무미건조함 속에 오도 가도 못하게 놓아두지 않고, 우리의 갈증을 반드시 채워주는 생명수가 흐르는 샘으로 데려간다. 생명수는 우리를 창조하고 우리가 돌아가야 할 하느님의 무한한 아름다움과 선이다. 하느님을 향해 나아가는 보나벤투라의 길은 우리가 살아가는 이 세상의 행복에 관심을 둔 사람을 위해 고안된 것이다. 이 길은 인간의 지식 탐구를 받아들이고 확장한다. 보나벤투라는 지적 지식의 가치뿐만 아니라, 사랑을 드러내는 태도에서 샘솟는 지식의 가치 또한 강조한다. 문학가이면서 학자로서 그의 언어는 아름다움과 조화, 그리고 하느님 안에서 그들의 완성을 찾고자 하는 바람에 대한 갈망을 우리 안에 일깨우는 상상력을 북돋아 준다.

'다윗교' 사이의 충돌은 168명이 사망한 1995년 4월 19일 오클라호마 연방정부청사 폭탄 테러라는 또 다른 비극의 원인이 되었다.

이번 장에서는 중세 파리의 철학자요 신학자가 오늘날 영적 순례의 발자취를 계속해서 안내하는 방법에 대해 살펴볼 것이다.

합일(영성적 혼인)의 영성

앞선 장에서 우리가 살펴본 여러 개념은 하느님에 대한 우리의 탐구 안에서 자연 세계와 타인과 연관된 우리의 체험을 꺼려서는 안 된다고 제안한다. 오히려, 하느님에 대한 갈망은 하느님이 창조한 모든 것을 더 깊이 소중하게 여기도록 우리를 이끌고, 우리가 일부분을 이루는 이 세계로부터의 분리가 아닌 관계를 맺도록 안내한다. 보나벤투라에게 있어 신앙은 결코 삶에서 분리될 수 있는 요소가 아니다. 하느님을 찾고자 교회에 가지만, 그 뒤 모든 것을 잊고 자신의 현실 삶으로 돌아가는 것이 아니다. 프란치스코와 보나벤투라에게는 신앙과 삶 사이에 어떠한 구분도 존재하지 않았다. 하느님 체험은 우리가 경험한 모든 것 안에서 의미를 지니는 것이고, 실제로 우리의 경험들에 더 깊은 의미를 부여한다.

앞 장에서 언급했듯이, 사유하는 능력을 사용할 때 얻어지는 '창조된 인식'은 보나벤투라 인식론의 필수적인 부분이다.

하느님께 나아가는 여정에 있어 필수적인 단계로서의 창조된 인식은 우리 삶의 다른 체험의 내용 안에서 하느님을 알아가기 시작할 수 있다. 『하느님께 나아가는 정신의 여정』에서 세계에 대한 우리의 체험을 숙고함으로써 얻은 인식은 우리에게 하느님을 아는 데 있어 장애물이 아니다. 반대로, 그러한 인식은 관상적인 신앙의 시각으로 바라보았을 때, 우리를 하느님과 깊은 만남으로 안내한다. 신앙인이 그가 알고 있는 것의 의미를 관상할 때, 그는 자신의 경험들 안에서 접했던 실재들을 하느님 현존의 상징들로 받아들일 수 있게 된다.

보나벤투라의 창조된 인식과 창조된 지혜의 종합은 인간 개인이 "고립된 자아(isolated self)"로 여겨지지 않는 것이 얼마나 중요한지 보여준다. 더 정확히 말하면, 개인은 필연적으로 자연과 인간 사회라는 넓은 세계와 관계를 맺고 있다. 자연은 인류에 의해 이용되는 일상적인 존재가 아니라 신성의 반영 그 자체이다. 우리, 아니 모든 창조물은 하느님 안에서 궁극적인 완성을 향해 나아가기 위해서 주변의 환경과 긍정적으로 관계 맺도록 자극받는다. 보나벤투라가 주장하듯이, 우리가 하느님 체험을 추구한다면, 자연 세계와의 우리 관계는 "우리 자신 앞에 물질세계 전체를 지고한 장인이신 하느님께 올라갈 수 있는 거울로 놓아두는"(『I』 1.9) 것이어야 한다.

보나벤투라의 자연 세계에 대한 이해와 그 안에서 우리의 위치는 상호적이고 역학적이다. 그는 인간을 수동적인 객체의 세계 한가운데에 놓인, 주위 환경으로부터 철저히 분리되고 낯선 '고립된 개체'로 묘사하는 어떠한 삶의 이해도 거부한다. 오히려 우리는 우리 자신과 세계 사이의 상호 만남의 강력하고 도전적인 전망을 받게 된다. 이는 우리가 단순히 그 세계를 조종하는 것을 목표로 하는 것이 아니라, 우리가 창조물 안에 내재한 신성에 대한 우리 경험에서 배울 것이 많다는 것을 기꺼이 겸손되이 인정하고자 하는 전망이다.

윤리적인 삶

보나벤투라의 전망 안에서, 하느님에 대한 인식은 본질적으로 사회적 차원을 지닌다. 그것은 단순히 하느님과 개인 사이의 사적인 일이 아니라 필연적으로 타인과의 관계를 수반한다. 하느님을 향한 여로旅路를 따르는 여정은 '덕'의 실천으로 특징지어지는 윤리적인 삶을 살아가는 것을 필요로 한다. 이는 추상적이거나 비인격적인 의무에 따른 관점에서 이해되어서는 안 된다. 오히려, 덕은 하나의 생활 방식이다. 도덕적인 삶은 하느님을 향한 여로를 따르는 개인적인 진보와 사회적인 진보 모두를 가능하게 한다. 영적 여정의 정점이 하느님 사랑의 체험 안에서 발견되는 것처럼, 덕의 정점도 사랑의 실천 안에서 발견된다.

보나벤투라는 정의 하나만으로는 도덕적인 사회를 보장하는 것이 불충분하다고 주장한다. 정의의 실천은 일정한 일치와 질서 의식을 달성할 것이다. 그렇지만 이러한 일치와 질서가 계속되기 위해서는, 또한 무질서와 분열로 악화되지 않기 위해서는 사랑이 필요하다. 사회 구성원 개개인은 다른 사회 구성원들의 최고의 행복을 바라야 한다.

이러한 이상이 성취되기 어렵다는 것은 의심할 여지가 없다. 하지만 보나벤투라는 그 이상이 프란치스코의 삶에서 드러나기에, 이러한 생활 방식은 가능하다고 주장한다. 프란치스코의 체험은 윤리적이고 도덕적인 삶의 모범으로 제시된다(『H』 5.5). 윤리적으로 살아가라는 권고는 하느님 사랑의 요구에 응답하려는 시도이다. 여기에서는 프란치스코가 그러했듯이, 그리스도의 삶 안에서 표현된 가치들을 그 토대로 삼는 생활 방식을 받아들이려는 의지가 필요하다. 무엇보다도, 윤리적 삶이란 인류를 향한 하느님 사랑의 신비, 프란치스코의 마음을 사로잡았던 그 신비에 빠져드는 것이다. 어떤 이의 전 존재가 무한한 사랑 그 자체에 사로잡히게 되면, 그는 그 답례로 사랑하지 않을 수 없다.

> **사랑을 갖게 되는 즉시 완전에 속한 모든 것, 곧 행동하고 고통받고 살고 죽는 것조차 쉬워진다. 따라서 우리는 사랑이 커 가도록 애써야 한다. 왜냐하면, 완전한 사랑은 다른 모든 것을 완전으로 이끌기 때문이다**(『T』 2.11).

현세기에 들어 우리는 정의에 대한 다양한 요청을 목격했다. 애석하게도, 이러한 요청들이 자주 증오, 폭력, 집단 학살, 독재 정권의 수립으로 변질되는 것을 보았다. 정의를 위한 투쟁이 사랑의 불에 고취되지 않는다면, 억압받던 이는 너무나 쉽게 억압자가 되고 불의의 악순환이 지속할 수 있다. 보나벤투라는 우리에게 도덕성의 중심에 하느님의 선성에서 흘러오는 무한한 사랑을 근원이자 원천으로 삼는 진실한 사랑을 찾아야 함을 상기한다.

보나벤투라는 우리의 하느님 체험과 인간 경험의 다른 차원들 사이에 이분법을 설정하지 않는다. 그의 작품들은 자연과 사회, 세계와의 우리의 필연적인 관계에서 생겨난 문제들을 다룬다는 측면에서, 의미 있는 방법으로 종교적 체험에 대해 말할 수 있음을 증명한다.

인식 탐구

인식 탐구는 인간 활동의 본질적인 요소이다. 인식 탐구는 우리가 계속해서 우리 자신, 타인, 우리가 살아가는 이 세상에 대해서 더 많은 것을 알고자 시도하는 인간 본성의 일부인 것 같다. 하지만 우리가 인식에 이르는 방법 또한 우리가 결국 알고 있는 것 쪽으로 생각하는 경향을 가지는데 영향력이 크다. 만약 인식 대상들이 단지 인간이 자신의 이익을 위해 원하는 대로 사용되도록 존재하는 것으로 생각한다면, 그 대상들 자체의 완전성(integrity)에 대한 관심은 거의 존재하지 않게 될 것이다. 그렇다면 우리의 인식 대상들은 단순히 악용될 뿐이다. 이는 인간 인식을 인식 주체 간에 신성한 관계가 존재한다는 인식에서 분리하는 것이고, 생명의 가치를 경시하는 것으로 드러난다. 이는 과거 노예무역을 번창시켰던 바로 그 사고방식이다. 사람들은 객체들로 다루어졌고, 모든 인간 사회 안에서 작용해야 하는 기본적인 상호관계의 가치들이 무시되었다. 이와 유사한 사고방식이 제2차 세계 대전의 나치 강제 수용소들에서도 만연하였다. 만약 인식이 철저히 객관적인 견지에서 '외부의' 객체들을 조사하는 것을 뜻한다면, 세계는 끔찍하고 냉정하고 무가치한 세상이 되는 결과를 도출하게 될 것이다.

관계성은 보나벤투라의 인식론 중심에 있다. 그는 참되게 안다는 것은 사랑의 정신이 인도하도록 우리 지성의 사용을 허용하는 것이라고 주장한다. 문제는 지혜(sapientia)라는 충만한 의미 안에서 인식을 획득하는 것이다. 지혜를 지닌다는 것은 우리 앞에 놓인 것의 깊은 의미를 알아차릴 수 있다는 것이다. 이는 사실에 대한 공정한 관찰자와 연구자의 태도 그 이상을 요구한다. 보나벤투라가 설명하듯이, 알기 위해서는, 우리가 알고자 하는 것과 관계를 맺어야 할 필요가 있다. 또한, 관상과 경외의 자세를 통해 지식을 획득할 필요가 있다.

이러한 점은 그의 '탈혼적 인식'이라는 용어의 사용에서 나타난다. 탈혼적 인식은 탐구라는 추상적 과정의 최종 산물이 아니다. 탈혼적 인식은 우선 관조적이고 관상적인 태도를 요구한다. 관상을 통해 인식자는 그 대상과 관계 맺게 되고, 그에 매료되어 점점 더 그를 알고자 갈망한다. 인식자는 인식에 대한 이러한 갈망을 통하여 인식 대상과의 관계 안으로 들어가고, 인식 대상의 의미를 더 많이 인식하게 된다.

탈혼적 인식의 본질이 교육 과정 안에 담기고 명시될 수 있다면 교육은 훨씬 더 유익해질 것이다. 너무 자주 교육이 사실과 정보를 축적하는 수단이 되곤 한다. 아마도 마우스 클릭 한 번으로 많은 양의 정보를 얻을 수 있는 이 전자 시대(electronic age)에서는 더욱더 그러하다. 그러나 정보보다 더 요구되는 것은 인간 공동체 삶을 위한 그 정보의 가치를 평가할 수 있는 능력이다. 이러한 능력은 오직 지혜의 획득을 통해서만 얻어진다. 지혜는 속도가 아니라 깊이를 통해 얻어지며, 이러한 깊이 속으로 빠져들어 가는 관상 안에 존재한다.

인식의 본성에 대한 보나벤투라의 이해는 "이탈(disengagement)", 또는 "무심함(detachment)"의 부정적이고 파괴적인 영향에 소리 높여 반대하는, 점점 더 늘어나고 있는 현대 철학자들에게 영감을 줄 수 있다. 이탈은 인간을 무심한 시선으로 주위 환경을 관찰하는 조사관으로 간주한다. 만약 이탈이 우리 인식론의 기준이 된다면, 본질적으로 그것은 파괴적이다. 만약 우리가 그렇게 살아가는 사람들이 만든 환경 이론들을 발전시키고자 노력한다면, 우리는 개인적인 의미가 결여된 잿빛의 황량한 세상에 남겨지게 될 것이다.

여기서 인식은 오직 객관적인 탐구에 의해서만 가능하다는 헛된 믿음에 맹목적으로 사로잡힌 "유리된 이성적인 사람

(disengaged Man of Reason)"을 몰아내는 것이 필요하다. 탐구 대상과 자신과의 거리를 유지하려고 노력하는 이성적인 사람은 인간 활동의 세계, 필연적으로 감정과 욕구를 반드시 포함하는 세계로부터 소외된다. 이성적인 사람을 반대하는 이들은 인식론이 신뢰받는 인식론이 되려면, 관상의 태도를 내포해야 한다고 주장한다. 만약 우리 자신이 누구인지 알고자 한다면, 또한 우리 자신의 미래를 위한 목적의식을 갖고자 한다면, 우리는 반드시 우리가 관심을 갖는 것이 무엇이고, 사랑하는 것이 무엇인지를 물어야 한다.

보나벤투라는 이성적인 사람에 이의를 제기하는 오늘날의 시위자들과 뜻을 같이한다. 관상의 태도는 보나벤투라가 "창조된 지혜"에 대해 말할 때 요청했다. 그는 이성적 탐구를 통해 얻어지는 인식 — 오늘날 일반적으로 '과학 지식'이라 불리는 인식 — 을 즉각적으로 거부하지는 않았다. 사실, 그는 과학 지식의 가치를 인정하고, 그것을 창조된 인식이라 이름 붙이고, 하느님께 나아가는 여정에서 고유한 위치에 자리매김한다. 그러나 과학 지식은 우리가 인식하는 다른 방법들 — 관상을 통한, 관계를 통한, 사랑을 통한 인식 — 로 보완될 때 자신의 고유한 위치를 차지한다.

보나벤투라의 전망 안에서 '하느님에 대한 인식'을 얻는다는 것은 우선 새로운 문제를 인식하는 것이 아니라 관계를 체험하는 것이다. 보나벤투라는 이것이 참된 하느님에 대한 인식, 즉 탈혼적 인식이고, 이는 프란치스코의 삶이 증명한다고 주장한다. 이를 따르는 것이 하느님에 관한 인식이다. 이는 탈혼석 인식 체험의 의미를 숙고함으로써 얻어지는 인식이고, 『하느님께 나아가는 정신의 여정』 첫 여섯 장의 주제를 이룬다. 하지만, 이러한 인식은 영혼과 하느님 사이의 사랑의 신비적 관계 안에서 발견되는 지고한 인식에 대한 겸손한 인정 안에서 마지막에 이르러 철회된다.

> **이 건너감**(passing over)**이 완전해지려면, 모든 지적 활동들은 포기되어야 하고 우리 갈망의 절정은 완전히 하느님을 향하여 돌려져야 하며 하느님 안에서 변형되어야 한다**(『I』 7.4).

보나벤투라의 신학은 종교철학 분야에서 오늘날의 연구를 위한 통찰력을 제공한다. 하느님을 알아가기 위한 질문에 접근할 때 어떤 종류의 철학적 연구가 적절한가? 아마도 가장 가까운 유사점은 우리가 타인을 알아가는 방법에 대한 우리의 이해 안에서 찾아볼 수 있을 것이다. 그러나 인식은 종종 비판적인 객관성의 사고방식을 통해 얻어질 때만 철학적으로 이해된다. 그렇지만 타인에 대한 우리의 이해는 자연스럽게 '믿음'과 '사랑'을 수반한다. 만약 하느님에 대한 우리의 인식이 어떤 면에서 타인에 대한 우리의 인식과 유사한 것으로 말할 수 있다면, 종교철학자들은 인식에 대한 철학적 이해, 그리고 인식과 사랑의 관계를 재검토해야 할 것이다.

철학은 인식에 대한 이해에 놓인 제한들에서 자유로울 필요가 있다. 철학은 사람이 실제로 아는 방법을 고려해야 한다. 이는 무엇보다도 사람이 지니고 있는 서로에 대한 인식의 본질을 고려하는 것을 포함하는 것이다. 그런 다음 분명하게 알 수 있는 것은 인식과 사랑 사이에 상호 관계가 존재한다는 것이다.

우리가 사랑과 믿음을 통해 안다고 말하는 것은 결코 이성을 배제하는 것이 아니다. 어떤 사람이 누군가나 무언가를 믿을 때, 그 사람은 그것을 믿는다고 불리게 된다. 하지만 믿음은 적절치 못할 수도 있다. 내가 나의 목숨을 구해줄 어떤 보이지 않는 사람의 존재를 믿고 있음을 주장하기 위해서 질주하는 기차를 향해 곧바로 뛰어든다면, 그것을 유의미한 믿음이라고 말하기는 어렵다. 이는 참으로 위험한 믿음이다. 어떤 특정한 믿음이 인간 존재에 유의미하다고 옹호될 수 있는지 판단하기 위해서는 일정 형태의 합리적 평가가 요구된다. '합리성(rationality)'

의 문제를 고려할 필요가 있다. 어떤 믿음이 '비합리적인' 것으로 평가된다면, 인간 삶에 의미를 제공한다는 측면에서 그것의 가치는 믿을 것이 못 된다는 것은 거의 확실하다.

하지만, 믿음의 합리성에 대한 논의는 종종 19세기 후반 윌리엄 킹논 클리포드W. K. Clifford라는 학자가 만든 것과 같은 기준에 따라 믿음을 평가하는 것으로 그 범위를 축소하곤 한다. "불충분한 증거에 근거한 것을 믿는 일은 언제나, 어디서나, 누구라도 잘못된 것이다." 클리포드에 따르면, 어떠한 명제는 오직 그것을 즉시 증명할 수 있는 증거가 제시될 때만 믿을 수 있다.

합리적인 믿음을 이렇게 이해하는 것에 대해 당연히 의문이 제기되었다. 합리성은 사상가들(thinking persons)과 관련된 것이고, 클리포드의 기준은 사실상 인간이 실제로 생각하는 방법에서 상당히 동떨어져 있다. 우리가 우리 앞에 놓인 증거를 토대로 결론을 얻고자 시도할 때조차도, 우리의 판단은 증거에 의해서뿐만 아니라 증거에 대한 우리의 평가를 끌어내는 다른 많은 사전 가정과 고려사항에 의해서도 영향을 받는다.

예를 들면, 두 역사학자가 같은 증거를 살펴본다 해도 다른 결론에 도달할 수 있다. 우리는 일반적으로 예를 든 두 역사학자 가운데 한 명이 '비합리적'이라고 말하지 않는다. 반대로,

양쪽 입장 모두 이성적이라고 여긴다. 대신 역사학자들이 가졌던 증거에 대한 그들의 평가를 끌어내는 사전 가정들의 측면에서 다양한 결론을 설명한다. 만약 우리가 역사학자들의 가정이나 논증 방법이 비합리적이었다고 판단 내린다면, 그럴 때만 그 결론이 비합리적이라고 말할 수 있다. 이러한 평가는 광범위한 요소들을 고려해야 한다. 역사학자들이 증거로 인정한 증거, 역사학자가 속한 전통에 따르는 역사적 해석의 원칙, 그 전통 안에서 허용되는 인간 삶의 목적에 대한 확신에 대한 심사가 그러한 것들이다. 이는 이러이러한 것이 평가받게 될 사건이라는 역사학자가 지닌 믿음의 합리성이라는 넓은 틀과의 관계를 고려해야 할 것이다.

믿음의 합리성에 관한 문제는 단순히 어떤 특정 명제가 공정하고 특정 개인과 상관없이 일반적인 조사 절차에 따른 타당한 것인지 검토하는 것보다 훨씬 광범위한 것이다. 이를 설명하기 위해 철학자 바실 미첼Basil Mitchell은 항해사와 등대의 예를 사용한다.[23] 함선의 불침번은 함선이 육지로부터 수백 마일

---

23 바실 미첼의 항해사와 등대의 예는 Basil Mitchell, 『The Justification of Religious Belief』, New York: Oxford University Press, 1981, 112-113에서 인용한 것이다.

떨어져 있다는 항해사의 계산에도 불구하고 자신이 등대를 목격했다는 것을 믿는다. 하지만 불침번이 지닌 믿음의 합리성은 단순히 독립적으로 평가되지 않는다. 그의 믿음은 항해사의 증거와 모순되기에 잘못된 것이다. 얼마 지나지 않아, 망꾼이 육지가 보인다고 보고할 때, 불침번의 믿음은 더 타당한 것으로 여겨지게 된다. 우리는 개인적인 진술이 특정 조사 절차 ― 이 경우에는 항행계산 과정 ― 에 따라 정해진 기준을 충족하는지 평가하는 것에 대해 말하는 것이 아니다. 믿음의 합리성은 그 믿음의 진실성을 반박하거나 옹호하게 될 요소들의 상호작용 관계에 대한 평가를 통해 파악된다.

하느님을 인식하는 문제에 대한 보나벤투라의 접근은 '하느님이 존재한다'는 명제를 논리적으로 증명하는 것을 목표로 하는 과정을 중심으로 구성되지 않는다. 더 정확히 말하자면, 그는 하느님을 체험하는 것은 가능한 것이고, 이러한 체험은 우리가 맺는 자연 세계와 사회 세계와의 관계로부터 발생하는 다른 주장들의 맥락 안에서 의미가 있다고 주장한다. 그는 하느님 체험이 비이성적인 행위를 일으키는 것이 아니라 오히려 우리가 환경과 이웃과의 관계에 있어 긍정적인 영향을 준다는 것을 보여주고 있다. 따라서 그의 주장은 다른 주장들에 비추어 받아들일 수 있다.

인식 탐구는 끊임없는 탐험이다. 이 역시 인류에 의해 행해진 숭고한 탐험 가운데 하나이다. 그러나 이 탐험에 진심으로 나서고자 한다면, 우리가 찾고자 하는 것이 무엇인지 이해하는 것이 중요하다. 우리가 찾고자 하는 것은 단순한 사실들이 아니다. 이러한 것들은 인간 내면의 깊고 깊은 갈망을 채워 줄 수 없다. 우리는 의미, 관계성, 우리를 우리 자신 너머로 끌어내 줄 그 무엇을 찾고자 한다. 이러한 인식을 향한 우리의 탐구 안에서 보나벤투라의 통찰력은 매우 유용한 길잡이 역할을 할 수 있다.

하느님의 아름다움

아씨시의 프란치스코에게 영향을 받은 보나벤투라의 작품들은 프란치스코의 시와 신비주의에 부합하는 사고방식을 포함하고 있다. 그러므로 보나벤투라가 프란치스코가 매우 강하게 체험한 하느님의 실재에 대한 무언가를 담아내기 위해 비유적인, 심미적인 언어를 사용하고 있음을 확인하는 것은 놀랍지 않다. 스위스 신학자인 폰 발타살은 보나벤투라의 작품들이 지니는 미학석 특징을 다음과 같이 언급하고 있다.

> 모든 위대한 학자들 가운데 보나벤투라는 자신의 신학 안에서 아름다움에 대해 광범위하게 다루고 있는 사람 가운데 한 명이다. 단순히 그가 그것에 대해 매우 빈번히 언급하기 때문이기도 하지만, 그렇게 함으로써 자신의 내밀한 체험을 분명하게 표현하고 자신만의 새로운 개념 안에서 아름다움을 다루고 있기 때문이다.[24]

심미적 체험이 지니는 종교적 의미에 대한 보나벤투라의 감상感想은 『하느님께 나아가는 정신의 여정』 2장에 설명되어 있다. 이 장은 우리 감각을 통한 인식에 도움받아 하느님을 정관함과 관련된 것이다. 보나벤투라는 우리가 어떤 것의 '아름다움', '감미로움', 또는 '건전함'을 체험할 때 갖게 되는 '즐거움을 누리는 감각'에 대해 언급한다. 우리는 이러한 즐거움의 체험을 통하여 어떠한 것들이 우리에게 즐거움을 주는가, 그리고 무엇이 우리에게 가장 큰 기쁨을 주는가에 대한 물음으로 인도될 수 있다. 보나벤투라는 즐거움의 체험이 우리를 우리 자신과 우리의 한계 너머로 이끌기에, 우리는 유한한 사물들을

---

24 H. U. von Balthasar, 『The Glory of the Lord』, vol. 2, 260-261.

즐거움의 감각의 가장 큰 원인으로 만족할 수 없다고 주장한다. 우리는 영원히 더 깊은 즐거움의 근원을 찾고 있다. 보나벤투라에게 이는 궁극적인 근원이 무한한 것, 곧 하느님의 생명 안에서 발견되는 것임을 시사하는 것이다(보나벤투라는 이를 입증한다고 주장하지는 않는다).

> **이처럼 아름다움으로써의 즐거움에 근원적인 아름다움이 있음을 보여준다. 오직 하느님 안에만 참되고 근원적인 즐거움이 있음이 명백하다. 그리고 우리는 우리의 모든 즐거움 안에서 이 즐거움을 추구하도록 이끌린다**(『I』 2.8).

보나벤투라는 '하느님의 아름다움'에 대해 말한다. 그러나 종교적 체험이 단순하게 다양한 심미적 체험처럼 설명될 수 있는 것과 같이, 보나벤투라가 우리의 하느님 체험을 아름다움의 체험과 결코 동일시하지 않고 있음을 유의해야 한다. 만약 그렇게 우리의 하느님 체험과 아름다움의 체험을 동일시한다면, 그것은 잘못된 것이다. 참된 아름다움에 대한 우리의 평가는 우리의 하느님 체험 때문에 결정되어야 한다. 따라서 보나벤투라에게 있어 아름다움이란 많은 사람이 그것의 부재不在를 보게 되는 곳에서, 예를 들어, 십자가에 못 박히신 그리스도에게서 발견할 수 있다. 십자가에 못 박히신 그리스도는 그곳에 표현된 영적 실재와 신적 사랑의 한없는 흘러넘침으로 인하여 참된 아름다움의 본보기가 되었다. 아름다움이란 단지 겉으로 나타나는 것이 아니다. 참된 아름다움은 영적인 아름다움이다. 사람을 아름답게 만드는 것은 내면에서 비롯된 것이다.

> **많은 사람이 아름다움을 사랑한다. 그러나 아름다움은 외적인 것들 안에 존재하지 않는다. 참된 아름다움은 지혜의 아름다움 안에 존재한다**(『H』 20.25).

보나벤투라가 하느님에 대해 '아름다움'이라고 말할 때, 추상적이고 개념적인 아름다움에 대해 말하지 않는다. 하느님은 아름다움이시다. 왜냐하면, 하느님은 우리의 열망과 마음을 사로잡아 우리의 기쁨이 되시는 역동적이고 능동적인 분이기 때문이다.

> **하느님은 힘센 분이시다. 그리고 힘센 분이시라면, 또한 아름다운 분이시기도 하다. 그런데 지혜야말**

로 가장 아름다운 것이다. 그러므로 하느님은 지혜로운 분이시다. '나는 그 아름다움 때문에 사랑에 **빠졌다**'(지혜 8,2),(『H』 11.3).

여기에 함축된 내용에 주목해야 한다. 궁극적인 힘은 권력과 강요의 힘이 아니라 매력의 힘, 아름다움의 힘이다. 하느님은 우리에게 경배하라고 강요하지 않는다. 오히려, 하느님은 우리를 우리 자신 너머로 이끌고, 우리는 하느님을 매우 매력적인 분으로 체험한다. 결국, 이러한 체험은 아름다움을 구성하는 것에 대한 우리의 일반적인 이해를 무너뜨리고, 그 이해를 근본적으로 대체할 수 있다. 이는 심지어 깊은 어둠의 구덩이 속에서도, 또한 부서지고 십자가에 못 박힌 한 사람 안에서도 아름다움을 알아볼 수 있게 해준다.

보나벤투라가 하느님에 대해 언급하고자 사용한 심미적 언어는 현대 세계에서 하느님에 대해 말하기 위한 의미 있는 방법을 찾고자 하는 탐구에서도 가치 있는 통찰을 제공할 수 있다. 아마도 이러한 점에서 우리는 보나벤투라가 『그리스도의 인식에 관한 토론 문제집』에서 만들어낸 인식(apprehension)과 이해(comprehension)의 차이에 대해 숙고해볼 수 있을 것이다. 그가 말하길, 우리는 하느님을 이해하는 것이 아니라, 하느님의 헌존을 인식하거나 느끼는 것이다. 마찬가지로 심미적 체험 역시 이해의 문제가 아니라 인식의 문제이다. 아름다움에 대한 체험을 분석하고, 어떤 것이 왜 아름다운지 완벽하게 설명하는 논거들의 목록을 제공하는 것은 불가능하다. 아름다움에 대한 체험은 그것이 아름답다고 할 수 있는 이유보다 더 오래 남는다. 또한, 정해진 절차에 따른다고 해서 자동으로 아름다움을 체험하는 것도 아니다. 오히려, 아름다움은 발견되는 것이다. 보나벤투라의 표현을 빌리자면, 그것은 '어떤 방식으로든 느끼게 되는 것이다.' 실제로 때때로 자연은 우리를 압도하곤 한다. 예를 들어, 마음을 사로잡는 일몰의 장엄함에서 자연 세계의 아름다움에 매혹될 때가 그러하다. 무언가를 아름다운 것으로 인식하는 가운데 우리는 그것이 매력적이라는 것을 발견하게 된다. 이때 우리는 지적 활동을 하는 것이 아니다. 매력적인 것에 의해 우리 자신과 우리의 합리적인 개념들 너머로 이끌리게 되는 경우가 더 많다. 이러한 체험의 언어는 주의 깊고 열린 마음으로 찾는 사람을 압도하고 사로잡는 선이시며 아름다움이신 하느님에 대해 말하는 데 있어 우리에게 도움을 줄 수 있다. 이는 차가운 효율성의 메마른 세상에 환멸을 느끼며 성장하고, 아름다움의 분출을 갈망하는 많은 이에게 희망과 의미를 제공할 수 있는 언어이다. 보나벤투라의 언어는 문자 그대로 해석해서는 안 된다. 그의 미학적이고 은유적인 특성은 체험할 수는 있지만, 완전히 이해할 수는 없는 하느님의 신비 안으로 우리를 더 깊이 이끌기 위한 것이다. 오상을 받은 뒤 하느님 사랑의 힘에 압도당한 성 프란치스코는 하느님께 "당신은 아름다움이시나이다"[25]라고 기도하였다. 보나벤투라의 언어로 안내되어 우리가 향하는 하느님은 아름다움이신 하느님, 우리의 영적 갈증을 풀어주시고 우리의 열망을 사로잡으시며 우리를 우리 자신 너머로 이끄시는 하느님이다.

교회 안의 권위

교회는 본성상 위계적이기에 교회 안에서 권위가 행사되는 것은 흔한 일이다. 사람들이 교회 안의 위계를 떠올릴 때, 일반적으로 교계를 구성하는 교황, 주교들, 사제들과 같은 식별 가능한 계층으로 생각하는 경향을 보인다. 게다가, 한 계층이 다른 계층들 위에서 지배하는 것으로 여겨지기 때문에 '위계'라는 용어는 종종 악평을 받곤 한다.

---

25 「하느님 찬미」, 8.

이는 위계의 개념에 대한 매우 고정된 이해이고, 실제로 보나벤투라의 용어 사용과도 전적으로 맞지 않는 것이다. 위계에 대한 그의 이해는 위-디오니시우스의 작품들에서 영감을 얻었다. 보나벤투라가 위계질서에 대해 언급할 때, 그의 첫 관심사는 개별 인간(individual human person) 안에 담긴 영성적 단계에 있다. 각 사람은 사고방식과 활동 안에서 '하느님과 같은' 존재로 성장하기 위해 도전한다는 점에서 '위계화'되도록 불림 받았다. 보나벤투라는 『육일간의 창조』에서 다음과 같이 언급하고 있다.

> **관상의 세 번째 부분은 위계화된 인간의 정신을 숙고하는 것으로 이루어진다. 그리고 이것은 항구함과 아름다움 그리고 즐거움을 방사**放射**하는 별들 또는 별들의 빛을 통해 이해된다. 이 세 가지를 향유할 때, 영혼은 위계화된다**(『H』 20.22).

위계는 권력 구조의 언어가 아니라 하느님과 함께 하는 삶이나 영성의 언어에 그 기원을 두고 있다. 위계는 하느님과의 관계라는 관점에서 인간의 상태와 관련된 것이다. 한 개인은 그가 어떤 특정한 영성적인 자질을 보일 때 '위계화'되고, 교회는 이러한 자질들이 발현되고 융성할 때 위계화된다.

    이러한 자질들은 어떠한 것들인가? 보나벤투라의 이해에 따르면, 위계화된다는 것은 하느님과의 관계를 항구하게, 아름답게, 그리고 즐겁게 살아가는 것이다. 항구함은 기도와 관상의 핵심이라는 관점에서 삶에서 참으로 중요한 것이 무엇인지 집중할 수 있게 해주는 것, 주의를 기울이고, 충실하며, 특히 진실한 사랑으로 사랑할 수 있는 것을 말한다. 아름다움은 외적인 아름다움이 아니라 무엇보다도 지혜의 습득을 통해 기도 안에서 성장하는 아름다움이다. 즐거움은 하느님에게 부름을 받았고 그분의 권능으로 고양되었다는 인식 안에서 하느님 나라에 봉사하는 열정적인 삶을 통해 그 자신을 표현하는 즐거움이다.

    교회는 본성상 위계적이다. 이것은 교회가 그 계급구조에서 지배계층을 가지고 있음을 의미하는 것은 아니다. 반대로, 모든 사람은 교회 안에서 위계화되도록 요구받는다. 이런 식으로 이해하면, 교회의 위계질서는 부동의 현실이 아니라 오히려 하나의 도전이다. 위계적 교회가 된다는 것은 권력과 지배력과는 아무런 상관이 없다. 위계적 권력을 요구하는 교회 내 어떤 단체도 권위라는 이름으로 발언할 때는 그 발언들이 항구함, 아름다움, 즐거움으로 물들어있을 때만 지지를 받을 수 있다. 또한, 이를 유지했을 때 공동체의 삶에서도 이와 같은 태도들이 성장하도록 촉진할 수 있다. 위계로서의 교회에 대해 말한다는 것은 프란치스코의 삶처럼 항구하고, 아름답고, 즐거운 삶의 증거를 통하여 하느님 나라 고양을 살고자 하는 공동체로서의 교회에 대한 도전이다.

프란치스코, 술탄 그리고 종교 간의 대화

- 만남의 배경
- 이 만남의 의의
- 종교 간 대화를 위한 모범이 되는 만남

이 마지막 장에서 우리는 현대 사회가 직면한 긴급한 쟁점 가운데 하나를 살펴보고자 한다. 그것은 바로 세계의 종교 간의 대화이다. 종교 간의 대화는 인류의 미래를 위해 매우 중요한 문제이다. 종교 간의 평화가 있을 때만 국가 간의 전쟁이 중단될 것이다. 그리고 종교 간의 평화를 일구려면 종교들은 반드시 대화에 참여하여야 한다. 1장에서 언급했듯이, 프란치스코와 술탄은 13세기 초에 종교를 초월한 대화를 나누었다. 이들의 대화의 본질에는 우리가 배울 수 있는 많은 것, 현대 세계 안에서 종교 간 대화의 지속과 증진을 위한 교육적인 사례를 개발하는 데 도움을 주는 많은 것이 담겨 있다.

만남의 배경

오늘날 종교 간 대화의 도상에 장애물이 있다고는 하지만, 확실히 프란치스코 시대의 관점에서 보면 장애물은 거의 없다. 프란치스코와 술탄의 만남은 제5차 십자군 원정이라는 상황에서 이루어졌다. 십자군은 1095년 교황 우르바노 2세의 클레르몽Clermont에서의 설교로 시작되었다. 그는 이 설교에서 사라센인들에 맞서 그리스도교 성지들을 보호해야 한다고 그리스도교인들에게 촉구하였다. 12세기 내내 십자군 원정이 잇따라 실행되었지만, 제1차 십자군의 초기 성공에도 불구하고 그들은 정치적으로 실패를 입증하였다. 이전에는 분쟁 중인 파벌들로 나누어져 있던 이슬람은 유럽의 침입이라는 도전에 직면하여 강력하고 통합된 집단으로 성장하였다. 1187년, 살라딘은 이슬람에게도 거룩한 도시였던 예루살렘을 재탈환하였다.

십자군 사상은 1198년 교황이 된 인노첸시오 3세 교황의 생각을 지배하였다. 인노첸시오는 1212년 스페인 라스 나바스 Las Navas에서 사라센인들을 상대로 거둔 승리로 새로운 십자가 원정 실행에 대한 계획을 확정하였다. 이듬해, 그는 공의회와 십자군의 소집을 공포하였고, 1215년 공의회는 십자군 원정을 1217년에 실행하기로 결정하기에 이른다. 1216년, 인노첸시오가 죽자 십자군 원정에 있어 그와 비슷한 열정을 지닌 호노리오 3세가 교황으로 선출되었다. 1218년, 십자군은 이집트 해안가에 상륙하여 다미에타를 포위 공격하였다. 그들의 상대는 술탄 멜렉-엘-카밀Melek-el-Kamil이었고, 그가 바로 프란치스코와 대화를 나눈 그 엘-카밀El-Kamil이었다.

프란치스코와 술탄의 이 만남의 본질은 1장에서 짧게 언급하였다. 다미에타에서 프란치스코를 만났던 비트리의 야고보는 프란치스코가 다미에타에서부터 술탄의 진영에 이르기까지 계속해서 비무장 상태였다고 설명한다. 도중에 프란치스코는 붙잡혀 멜렉-엘-카밀 앞에 세워졌다. 술탄은 프란치스코에게 매료되어 그리스도에 대한 그의 설교에 귀 기울였다. 최종적으로 그는 프란치스코가 십자군의 진영으로 돌아갈 때 안전한 통행을 보장하였다. 비트리의 야고보는 술탄이 프란치스코에게 어떤 신앙이 하느님 보시기에 가장 마음에 드는 것인지에 대해 하느님에게 계시를 받을 수 있도록 기도해달라고 청하였다고 기록하고 있다.

이 만남의 의의

비트리의 야고보의 기록이 지니는 역사적 정확성은 차치하더라도, 그리스도인과 무슬림의 만남이 특정한 시기에 이처럼 기록으로 남겨졌다는 것은 중요하다. 비트리의 야고보는 십자군 정신이라는 당시의 사고방식과 문화를 공유하였다. 그는 1220년 이 '위험한 무슬림'을 다미에타에서 쫓아낸 것을 기뻐하였다. 비트리의 야고보도 프란치스코가 거룩한 사람이었기 때문에 이 만남을 소개한 것은 아니다. 아마도 12세기의 저명한 성인들, 그중에서도 특히 클레르보의 베르나르도(Bernard of Clairvaux, 1090-1153)는 무슬림을 죽이는 것이 그들의 '사악함'을 확산시키는 위험을 무릅쓰는 것보다 더 낫다고 주장하였다. 무슬림을 죽이는 것은 범죄로 여겨지지 않았다. 오히려, 무슬림들과의 전투에서 죽은 기사는 순교자로 불릴 수 있었다.

무슬림을 악으로 규정하던 종교적, 문화적 환경에서 1226년 프란치스코의 죽음에 앞서 쓰인 비트리의 야고보의 기록은 프란치스코와 술탄의 만남의 참된 본질에 대한 의미 있는 증언으로 여겨진다. 결과적으로 여기서 우리는 종교 간의 대화와 관련된 몇 가지 요점을 추론할 수 있다.

프란치스코가 무슬림들에게 갔을 때, 무함마드의 가르침

을 부정하려 하지 않았다. 단지, 그리스도를 전하였을 뿐이다. 비트리의 야고보가 기록한 프란치스코의 말은 — "나는 그리스도인입니다"[26] — 프란치스코를 당시의 정치적 충돌에서 분리하여 종교 대화의 세계에 자리 잡게 했다. 이러한 무대를 가능하게 한 것은 단지 프란치스코의 말뿐 아니라 그의 모든 태도였다. 프란치스코는 십자군과는 대조적으로 무기를 지니지 않고 술탄의 진영으로 갔다. 그는 정치와 외교의 세계를 뒤로하고 신앙인으로 공개적으로 나아갔다.

비트리의 야고보는 술탄은 "온유함으로 가득 찬 이 하느님의 사람의 면모에 완전히 압도당하였다. 여러 날 동안 그는 프란치스코가 자신과 자신의 신하들에게 그리스도에 대한 믿음을 설교할 때 매우 주의 깊게 경청하였다"고 전해준다. 술탄의 반응은 프란치스코가 술탄의 종교를 비난하지 않았음을 시사한다. 이러한 모습과 프란치스코를 따르는 이들이 그의 설교의 본보기에서 벗어났을 때 받은 대우를 적은 비트리의 기록 사이에는 분명한 차이가 있다.

---

26 『비트리』, 14.

> 작은 형제들이 그리스도에 대한 신앙과 복음의 가
> 르침을 설교하는 동안 사라센인들은 기꺼이 들어주
> 었다. 그러나 그들이 설교 중에 공개적으로 무함마
> 드를 비열하고 음흉하다 여기며, 부정하자마자, 사
> 라센인들은 가차 없이 그들을 때리고 자신들의 도
> 시에서 추방하였으며, 거의 학살하다시피 했다.[27]

술탄은 비록 프란치스코가 자신의 관점에서 그리스도교의 방식이 하느님에게 더 기꺼운 것이라고 말했음에도 불구하고, 프란치스코가 자신의 종교를 존중하였음을 이해하고 있었다.

더 중요한 한 요소가 비트리의 야고보의 기록에서 도출된다. 프란치스코는 종교적 믿음(religious belief)과 뒤섞인 인간의 조직과 제도를 넘어서서 신앙(religious faith)의 순수함을 추구해야 한다고 술탄에게 요구한다. 그는 신앙 그 자체의 순수성을 받아들이기 위해서 술탄이 그와 같이 해야 한다고, 무슬림의 정치 구조를 초월해야 한다고 요구한다. 비록 비트리가 술탄을 그렇게 하지 못하는 인물로 묘사해도, 이 이야기는 종교 간 대화의 본질이 흔히 신앙을 둘러싼 인간의 조직이 아니라 신앙의

---

27 『비트리』, 15.

핵심에 있는 그 실재에 있다는 것을 강조하는 데 기여한다.

현재까지 남아있는 사료들은 이 만남이 술탄에 미친 영향의 정도를 가늠할 수 있는 어떠한 정보도 제공하지 않는다. 그러나 이 만남이 성 프란치스코의 신앙과 실천에 상당한 영향을 주었음은 확인할 수 있다. 이집트를 다녀온 뒤에 쓰인 그의 글들은 그가 자신의 삶에 깊이 영향을 끼친 이 만남 체험을 거듭 되새기고 있음을 보여준다. 프란치스코는 무슬림들의 경건한 태도, 기도 시간 알림, 초월자이신 하느님에 대한 접근 방식, 성전인 쿠란에 대한 깊은 공경심에 감명받았음이 분명해 보인다.

무슬림 무에진muezzin(포고꾼 crier 또는 전령 herald)이 기도에 나오라고 외치는 정기적인 알림은 프란치스코에게 깊은 인상을 주었다. 그는 「백성의 지도자들에게 보낸 편지」에서 다음과 같이 적고 있다.

> **여러분에게 맡겨진 백성들이 주님께 이러한 공경을 바치게 하십시오. 매일 저녁 온 백성에게 전달자나 다른 신호로 통보하여 그들이 전능하신 주 하느님께 찬미와 감사를 드리게 하십시오.[28]**

---

28 「지도자 편지」, 7.

프란치스코는 이슬람교의 '일상예배와 기도(Salat)'를 암시하면서 종을 울리길 원한다. 사람들에게 기도 시간을 알리는 무에진의 외침은 서구 사회에서 흔히 사용하던 종이나 다른 신호로 대체될 수 있었다. "매시간마다 그리고 종이 울릴 때, 온 세상에 있는 모든 사람이 늘 전능하신 하느님께 찬미와 감사를 드려야"[29] 한다. 이러한 방법으로 세계 곳곳의 무슬림과 그리스도인은 — 많은 이들이 이슬람에 대한 증오로 눈먼 사회에서 매우 효과적인 교회일치적 표징이 되는 — 기도 안에서 하나가 될 수 있었을 것이다.

프란치스코는 무슬림이 알라에게 공경을 표하기 위해 바닥에 엎드리거나 깊이 절하는 모습도 목격하였을 것이다. 그가 형제회에 보낸 편지에 썼듯이, "그분의 이름을 들을 때, 형제들은 땅에 엎드려 그분을 흠숭해야 합니다. 이는 여러분이 말과 행동으로 모든 사람들이 주님 외에는 전능하신 분이 아무도 없다는 것을 알게 하기 위한 것입니다."[30] 마지막 표현은 무슬림의 '할마'와 매우 유사하다. "알라 외에는 다른 신은 없다." 또한, 이 기간 하느님의 초월성에 대한 프란치스코의 깊은 이해

---

29 「1보호자 편지」, 8.
30 「형제회 편지」, 4; 9.

가 분명해졌다. 그레초Greccio에서 성탄 구유를 만들어 잘 표현했듯이, 프란치스코는 초기 글들에서 그리스도의 인성을 매우 강조하였다. 하지만 다미에타에서 돌아온 뒤 초월로의 전환이 뚜렷이 나타난다. 그는 1221년 수도규칙에서 다음과 같이 적고 있다.

> **그분 홀로 시작도 마침도 없는, 참된 하느님이십니다. 변할 수도, 볼 수도 없는 분이시고, 표현할 수도, 이루 다 말할 수도 없는 분이시며, 이해할 수도 헤아릴 수도 없는 분이시고, 복되신 분이시며 모든 찬미를 받으실 만한 분이십니다.**[31]

이러한 언어는 참으로 초월의 언어이다. 이슬람과 만남은 프란치스코에게 자신의 신앙에 대한 이해를 되돌아보게 했다. 그 결과는 초기 신앙심의 포기가 아니라 하느님은 내재적일 뿐만 아니라 초월적인 분이기도 하다는 깊은 확신을 심어주는 것이었다.

---

31 「비인준 규칙」, 23,11.

이슬람 체험이 프란치스코에게 영향을 주었다는 또 다른 실례는 성경의 말씀이 기록된 책들에 대한 공경심을 보여주는 그의 권고 안에서 찾아볼 수 있다. 그는 무슬림이 지닌 쿠란 Qur'ān의 기록된 말씀에 대한 깊은 존경심을 목격하였고, 죽음을 얼마 앞두지 않은 1226년 자신의 「유언」에 이를 기록하였다. "주님의 말씀이 기록된 책을 부당한 곳에서 발견하면, 나는 그것을 주워 모으기를 원하고, 또한 다른 이들도 그것을 주워 합당한 곳에 모시기를 부탁합니다."[32] 이슬람 세계에 대한 프란치스코의 새로운 태도는 논쟁이 아니라 단순하고 평화로운 현존과 봉사하는 마음으로 그리스도교 신앙을 증거하기 위해 무슬림들에게 선교하러 가길 원하는 자신의 형제들에게 설명하는 1221년 수도규칙에서 가장 잘 나타난다.

종교 간 대화를 위한 모범이 되는 만남

다미에타에서의 체험은 프란치스코의 신앙에 깊은 영향을 주었다. 그가 자신의 그리스도교 형제자매들뿐만 아니라 모

---

32 「유언」, 12.

든 사람과의 종교적 관계에 있어 새로운 인식을 지니게 되었을 때, 새로운 자기 이해가 생겨났다. 자신의 종교적 전통에 충실함을 유지하고 그리스도에 대한 자신의 신앙을 공개적으로 선언하면서도, 프란치스코는 무슬림의 전통과 신앙 안에 담긴 선에 자신을 열었다. 이처럼 그는 이슬람 신앙 안에서 접한 것을 통해서 자신의 신앙 안에 담긴 깊고도 초월적인 의미를 발견하고자 노력했다. 프란치스코는 이슬람 안에 담긴 종교적 의미와 진리를 깨달았다. 이 때문에 자신의 형제들에게 십자군이 아니라 모든 일에 유순하고 순종적인 그리스도인으로서 무슬림들에게 가도록 부탁하였다. 프란치스코는 자신의 삶 안에서 이슬람과의 대화에 참여하였고, 자신의 체험에 대한 숙고를 통해 자신의 뒤를 따르는 이들에게 대화의 본보기로 삼도록 충고하였다.

이러한 대화는 어떠한 원칙을 따라야 하는가? 프란치스코는 1221년 수도규칙에서 무슬림에게 가는 형제들에게 말다툼이나 싸움을 하지 않도록 권고하고 있다.[33] 분명히 그와 술탄과의 만남에서 일어났던 일은 인간의 생각이나 문제에 대한 논쟁이 아니었다. 사실 프란치스코는 자신을 이러한 경계선 바깥에

---

33 「비인준 규칙」, 16,6.

두었고 술탄에게도 그렇게 하도록 요구하였다. 신학자 버나드 로너건Bernard Lonergan의 말을 빌리자면, 두 사람 모두 "초월자를 향한 회개(conversion to the transcendent)"의 과정이라 부를 수 있는 것에 관심을 두었다.[34] 이는 궁극적인 실재의 핵심에 놓인 진리를 찾는 종교적 헌신을 둘러싸고 있는 인간 구조에 대한 믿음에서 벗어나는 것을 의미한다. 이러한 회개에는 미래에 대한 수용성과 철저한 개방성이 필요하다. 이는 우리가 이미 완전히 알고 있는 무언가가 아니라, 아직 이해하지 못한 실재로서의 진리를 바라보고, '하느님을 하느님으로 존재하도록 하는 것'을 의미한다.

여기서 우리가 새롭게 알게 된 것은 올바른 종교 간 대화를 위한 조건들이다. 프란치스코가 당시의 십자군 규범에서 벗어났던 것처럼, 그리고 술탄이 프란치스코에게 환대와 안전한 귀환을 허락하였던 것처럼, 초월자를 향한 회개 과정에서는 강압적인 태도를 피하고 잘못된 관념을 포기할 준비가 되어 있어야 한다. 여기에는 정복자도 피정복자도 없고, 오직 더 높은 진

---

34 로너건의 '초월자를 향한 회개' 개념은 Bernard Lonergan, 『Method in Theology』, New York: Herder and Herder, 1972에서 상세히 다루고 있다.

리에 대한 상호 이해를 실현하기 위한 노력만이 존재할 뿐이다. 프란치스코는 이슬람 또한 하느님의 계획 안에 자리 잡고 있음을 확신하게 되었다. 각각의 전통은 상대편이 하느님과 연관되어 있음을 깨달았다. 술탄은 프란치스코에게 자신을 위해 기도해달라고 청하고 프란치스코는 그리스도인들에게 기도 안에서 전 세계 사람들과 하나 되도록 요청한다. 대화는 초월자를 향한 지속적인 회개를 위한 길을 열었다.

프란치스코와 술탄 간의 대화는 상호 존중의 분위기 속에서 이루어졌다. 최초의 만남은 인격을 존중하는 만남이었을 것이다. 프란치스코와 술탄 모두 개인으로서 타인의 존엄성을 배려하고 존중하는 호의好意의 정신에 충만해 있었다. 그 때문에 둘의 만남은 신앙과는 무관하게 상대방의 신원에 대한 상호 존중의 정신으로 이루어진 첫 만남이었을 것이다. 이러한 존중은 그들의 대화에서 생겨난 것이 거만한 적대심이나 지나친 겸양이 아니었음을 의미한다. 상호 존중이라는 토대는 상대방을 통해 한 개인에게 영향을 끼치는 종교 세계에 대한 폭넓은 선택을 허용하였다. 이렇게 함으로써, 두 사람 모두 건설적인 종교 간 대화의 과정으로 들어갈 수 있었다.

종종 열띤 신학 논쟁 속에서 한 종교의 신앙의 본질이 가려질 수가 있다. 이러한 대립들은 쿠란이 분명히 금하는 것이었고, 또한 프란치스코 성인의 삶에서도 발견되지 않는다. 이미 살펴보았듯이, 프란치스코는 자신을 따르는 이들에게 모든 논쟁을 피하도록 권고하였다. 그는 전능하신 하느님(이슬람교에서 특별한 중요성이 부여된 하느님의 속성) 안에서 믿음을 전하고, 평화로운 생활 방식으로 신앙을 증거하는 것이 본질적인 임무라고 주장하였다.

하느님이라는 근본적인 실재와 단일성 안에서의 완전함과 통합을 인간 탐구의 목적으로 보는 무슬림과 나란히 자리한 프란치스코는 그리스도인의 신앙의 본질이 무엇인지 강조함으로써 보편적 형제애 정신의 원천이 하느님의 보편적인 부성임을 분명히 보여주었다. 이러한 보편적 화합을 달성할 방법에 대한 종교 간의 대화는 인간이 된다는 것에 대한 더 깊고 풍부한 이해를 가능하게 한다.

그리스도교 역사를 보면 현세기 후반에 교회 일치 운동(ecumenism)에서 상당한 발전을 보았다. 여러 교회 사이에서 대화와 이해와 협력이 증가하였다. 21세기는 모든 종교 단체 간의 대화로 그 관심을 확장하는 교회 일치 운동을 요청한다. 대화는 우리가 다른 이를 우리의 신앙으로 회심시키기 위해 나서는 것이 아니라, 오히려 다른 이가 고백하는 신앙을 더 깊이 이해하고 알기 위해 노력하겠다는 생각을 나눔으로써 이루어진다. 이는 다른 이의 신앙과 세계관에 대한 존중을 수반한다. 대화는 종교적인 관습의 외적인 측면에 대한 객관적 연구 그 이상을 요구하는 과정이다. 다른 신앙 공동체의 신자들을 이해하기 위해서는 가능한 한 그들의 시각으로 세상을 바라보려고 시도해야만 한다. 결과적으로, 필요한 것은 나눔의 자유를 가능하게 하려고 공동체들을 분리하는 경계를 허무는 것이다. 프란치스코와 술탄이 그들 각자의 경계를 허물었을 때, 이어서 유익한 대화가 뒤따랐다.

종교 간 대화는 각각의 신앙 공동체가 모든 인간 영역을 초월하는 하느님의 생명에 고유하게 참여한다는 보다 큰 인식에 눈뜨는 '의식화(conscientization)' 과정에서 발생한다. 이때 한편의 일방적인 요구가 아닌, '타자를 위한 창조적 요구'에 대한 상호 인식이 필요하다. 예를 들면, 그리스도교 공동체가 그리스도교에 대한 이해를 공유하기 위해 노력하는 것처럼 그리스도교 공동체는 프란치스코가 그랬듯이 다른 전통의 특징적인 것에서 배우려고 노력해야 한다. 우리 자신의 전통에 충실하면서도 다른 전통이 우리에게 가르쳐주고자 하는 것을 받아들일 수 있을 때, 서로 간에 성장이 일어난다. 프란치스코는 결코 자신의 그리스도교 신앙을 버리지 않았다. 하지만 술탄과 나누었던 대화는 그의 신앙에 새롭고 더 깊은 의미를 부여하도록 그를 이끌고 성장시켰다.

다른 신앙을 가진 국가 간의 분열뿐만 아니라 이웃해 사는 다양한 종교 전통에 속한 사람들 간의 충돌 또한 목격하게 되는 현대 세계에서는 더욱 많은 이해와 협력이 필요하다. 다미에타의 상황에 우리 자신을 몰입함과 이 초교파적 만남의 장을 통해 인도된다는 것은 우리에게 단순히 종교란 무엇인지를 가르치지는 않을 것이다. 그보다는 우리가 직면한 세계에서 대화할 기회를 더 많이 인식하게 한다. 프란치스코와 술탄의 만남은 새로운 체험이라는 관점에서 이해의 증진과 같은 문제를 제기한다. 삶의 이야기를 공유하고 선입견과 때때로 드는 그릇된 생각을 없애려는 의지, 파괴적인 충돌을 피하기 위한 상호 존중의 필요성, 다른 이와 진실하게 마주하기 위해 본질적으로 무엇을 믿고 있는지 확인할 필요성. 대화의 시작에 대한 거부는 전체주의적 자기 충족의 한 형태이다. 하지만 이러한 거부는 다른 이들을 맹목적으로 비난하는 것이므로 자기 자신을 비난하는 것과 같다. 성장의 원천을 단절시키면 오직 침체와 쇠퇴만이 뒤따를 뿐이다. 반면, 대화에 열린 자세는 이미 경험한 진리에 대한 믿음과 진리의 충만함을 향한 여정을 계속하고자 하는 의지를 분명히 보여주는 것이다.

보나벤투라의 신학 작품들은 프란치스코와 술탄의 종교적

만남의 배경과는 크게 관련이 없는 것으로 보일 수 있다. 그러나 보나벤투라 사상의 기본 구조가 다미에타에서의 대화의 근거가 된 프란치스코의 하느님 체험 때문에 형성되었다는 점을 명심해야 한다. 프란치스코와 마찬가지로 보나벤투라도 창조된 모든 실재 안에서 하느님의 현존에 대한 예리한 인식을 보여준다. 하느님은 그리스도인들의 세계에만 국한되지 않는 분이다. 하느님의 창조적 선성의 유출인 온 세계는 하느님의 현존을 반영하고 인간을 하느님을 향해 안내한다. 보나벤투라 신학은 본질적으로, 또한 변함없이 그리스도교적이지만, 결코 배타주의는 아니다. 궁극적으로 보나벤투라는 하느님이 우리 신학 체계의 모든 개념, 상상, 언어를 초월한 분이라 주장한다. 보나벤투라의 핵심적인 형이상학적 원리인 유출(emanation), 모형(exemplarity), 완성(consummation)은 의심할 여지 없이 하느님을 찾는 모든 이가 이해할 수 있는 여러 방법 가운데 하나이다. 이는 이 형이상학적 원리가 모든 것이 자신의 존재를 가지는 우주가 우연의 산물이 아니라 하느님의 선성과 사랑의 유출이라는 근본적인 신념을 표현하고 있기 때문이다. 인간의 교만과 자기 충족에 대한 욕망을 없애고, 깨달음을 얻고자 기도하는 모든 신앙인이 이 초대에 열려 있다. 그리고 이러한 관상의 정신 안에는 세계가 모든 진, 선, 미의 근원인 하느님의 발견이리는 모든 인간의 갈망을 성취하기 위한 여정에 나선 이들의 발을 이끄는 빛, 초월의 빛을 참으로 발산하고 있음이 드러날 것이다.

아씨시의 작은 이였던 프란치스코, 그리고 파리의 석학이었던 보나벤투라. 프란치스코의 삶의 체험은 당시 종교적 풍토를 완전히 바꿔 놓았고, 오늘날의 사람들을 ─ 각계각층의 사람들, 매우 다양한 신앙인들, 그리고 전혀 종교적이지 않은 사람들조차도 ─ 끊임없이 매혹하고 있다. 보나벤투라는 프란치스코의 정신을 깊이 들이마셨고 열심히 이를 숙고하였다. 그는 자신처럼 프란치스코에게 매료된 이들을 위해 그 체험의 의미에 관한 증언을 우리에게 남겨주었다. 그리고, 비록 우리가 개인적인 영적 수단들을 의식하지 못할지라도 프란치스코가 걸었던 그 길을 따라 걷게 해주는 비밀을 찾고자 애쓰는 우리를 위해 그 체험의 의미에 관한 증언을 남겨주었다.

그러므로 말하기를 멈추고, 우리가 말했던 그 체험을 우리에게 허락해주시도록 주님께 기도드립시다
(『SC』 EPILOGUE).

약어표

▶ 프란치스코의 글

1보호자 편지	「보호자들에게 보낸 편지 1」
1신자 편지	「신자들에게 보낸 편지 1」
2신자 편지	「신자들에게 보낸 편지 2」
권고	「권고들」
봉사자 편지	「어느 봉사자에게 보낸 편지」
비인준 규칙	「인준받지 않은 수도규칙」
유언	「유언」
지도자 편지	「백성의 지도자들에게 보낸 편지」
태양 노래	「태양 형제의 노래(피조물의 노래)」
하느님 찬미	「지극히 높으신 하느님께 드리는 찬미」
형제회 편지	「형제회에 보낸 편지」

▶ 초기 전기 사료

완덕의 거울	『작은 형제의 완덕의 거울』

| 2첼라노 | 『성 프란치스코의 제2생애(간절한 마음의 비망록)』 |
| 비트리 | 『비트리의 야고보의 증언』 |

▶ 보나벤투라 원천

B	『신학요강(Breviloquium)』
H	『육일간의 창조에 관한 학술강연집(Collationes in Hexaemeron)』
I	『하느님께 나아가는 정신의 여정(Itinerarium Mentis Deum)』
L	『아씨시의 성 프란치스코 대전기(Legenda Maior)』
MT	『삼위일체의 신비에 관한 토론 문제집(Disputatae Quaestiones de Mysterio trinitatis)』
SC	『그리스도의 인식에 관한 토론 문제집(Disputatae Quaestiones de Scientia Chisti)』
T	『세 가지 길(De Triplice Via alias Incendium Amoris)』
TQ	『어느 익명의 교수에게 보낸 편지(Epistola de Tribus queastionibus ad magistrum innominatum)』